讀懂道德經的第一本書

張子維◎編著

前言

《道德經》又叫做《老子》，因為全文共約五千字，又稱《老子五千言》，是中國哲學史上第一部具有完整哲學體系的書籍，是歷朝歷代學者已經研究了兩千多年的一部巨著。其思想的傳播，對整個中華民族有著深遠的影響。它的內容涉及哲學、文學、美學、醫學、軍事學、社會學、倫理學、天文學、養生學，被譽為「萬經之王」、「百科全書」。

《道德經》由春秋末期的李耳（老子）所著，老子，姓李，名耳，字伯陽，諡曰聃，楚國苦縣（今鹿邑縣）人。約生活於西元前571年至西元前471年之間，春秋時的思想家，道家學派的創始人。老子幼年牧牛耕讀，聰穎勤快。曾做過周朝「守藏室之史」（管理藏書的史官），孔子曾向他問禮，晚年在故里陳國居住，後出關赴秦講學，死於扶風。

老子的《道德經》一書共八十一章，分為上下兩篇，上篇三十七章為「道經」，下篇四十四章為「德經」，故名《道德經》。《道德經》一書是一個唯物主義體系，並具有樸實的辨證法思想。它宣揚自然無為的天道觀和無神論。其唯物主義體系的核心是「道」，老子反對天道有知，提出了天道無為的思想以及「道常無為，而無不為」的思想，即道是構成萬物的基礎，道並不是意指有目的的構成世界萬物，道是世界萬物自身的規律。

它有著非常豐富的樸實辨證法思想。它用極其簡練的文字，比較完整地闡明了對立雙方相互依存、相互作用又相互轉化的辨證法思想。其內容可以說是「博

大精深」的。《道德經》說：「有無相生，難易相成，長短相形，高下相傾，聲音相和，前後相隨。」它認為事物都是矛盾的對立統一，這種對立統一，表現為事物的相互依存和相生相剋，並決定著事物雙方各自朝著其相反的方向轉化，即「反者道之動」，為事物運動變化的基本屬性。老子揭示了對立統一的規律，表述了有關對立面的發展與轉化的一些可貴的認識。

《道德經》的影響力是非常之大的，不但影響了漢朝以來兩千年的思想史，而且在國際上也受到了無數人的喜愛與追捧，稱得上是風靡全球，它被譯成百餘種語言流向全世界幾乎每個角落，已成為世界哲學寶典之一。在西方，《道德經》是除了《聖經》以外，世界經典名著中被譯成外國文字發行量最多的。被看做是出自中國的先知書。老子思想在西方的流傳之久、流傳之廣，超出了許多當今中國人的想像。約在18世紀中葉，《道德經》一書就被譯成拉丁文、法文。老子思想對西方的影響也是多方面的。德國哲學家海德格爾譯過這本書，俄國偉大的作家‧托爾斯泰也曾經翻譯過。同時，我們還看到許多有關老子思想對國外物理學家、音樂家、詩人、政治家等的影響以及國外學者從語言學、美學等多角度研究《老子》的記述。

《道德經》一書拉開了從古至今幾千年來人類對自然規律進行探索的序幕。辨證的去看待它，取其精華，棄其糟粕，對我們人生的指導是大有神益的。正是基於這一點，我們為您精心編寫了這本一書。本書在忠於原書原解的基礎上，力求使譯文通俗易懂，較為全面地對每一章節都做有詳細的經典解析和經典事例。本書版式新穎，設計精美，再加上大量古樸生動圖片的搭配徹底打破了古典著作的沉悶風格，權威經典的原文譯文及解析，輕鬆幽默而又不失莊重的案例，令人深刻感悟到老子智慧之精髓，不僅開闊視野豐富話題，更啟迪智慧增長才幹。

上篇 道经

下篇　德經

是謂微明　柔弱勝剛

魚不可脫於淵　國之利器

不可以示人

道常無為而無不為　侯

王若能守之　萬物將自化　化

而欲作　吾將鎮之以無名之

樸　無名之樸　夫亦將不欲　不欲

老子道經卷上

上篇 道經

第一章 非常之道

【原文】

　　道可道，非常道①；名可名，非常名②。無名③，天地之始；有名，萬物之母。故常無欲，以觀其妙④；常有欲，以觀其徼⑤。此兩者同出而異名，同謂之玄，玄⑥之又玄，眾妙之門⑦。

【注釋】

　　①道可道，非常道：「道」，是老子首創的含有深刻哲理意義的概念。這句中的第一個「道」同於第三個「道」，但第二個「道」字是動詞，意為「行走」之意。

　　②名可名，非常名：第一個「名」是名詞，指沿聖人之道行走所得到的名。中間的「名」是動詞，即「求得」、「佔有」的意思；後面的「名」，指功利之名。

　　③無名：指無形。

　　④妙：指奧妙、微妙的意思。

　　⑤徼（ㄐㄧㄠˋ）：原為邊界。引申為開端、端倪的意思。

　　⑥玄：玄妙深遠的含意。

　　⑦門：指一切奧妙變化的總門徑，在此用來比喻宇宙萬物的一切奧妙的源頭。

【譯文】

　　可以用言語來表述的道，那它就是一般的道。能夠用文辭來命名的，那它就是普通的名。無是在萬物創始之前；是天地萬物的原始。而有是萬物之本源的命

名；是孕育萬物之源。

　　所以，常常可以從「無」的狀態下，來從中領悟道的奧妙。而從「有」中，來觀察體會道的端倪。無和有實際上是同出一源，只是說法不同，這都可以稱之為玄妙深遠。而玄妙又玄妙，是宇宙天地間一切奧妙的源頭。

【經典解讀】

　　作為《道德經》的開篇一章，老子提出了作為《道德經》思想核心的「道」的概念。而且從哲學的辨證法的角度，去思維宇宙天地萬物之間的奧妙所在。這樣就賦予了宇宙萬物哲學的內涵。「道」其實就是物質和規律的統一體，也就是文中所提到的是「有」和「無」的統一，老子把客觀存在的最基本的物質稱之為「有」，把物質發展變化所依賴的結構、關係、秩序和規則等統稱之為「無」，認為有和無是不可分的，它們相互作用、相互融合，共同形成宇宙的本源。

　　老子對自然界有一種細緻入微的觀察和一種強烈的神秘主義直覺。正是這種對自然和自然規律的著意關注，才構成了老子哲學思想的基石。在這個基石上所產生的這種「道」的觀點就具備了一種對宇宙人生獨到的悟解和深刻的體察，我們可以透過這種對自然和自然規律的關注，去體會天地萬物間的奧妙和玄機。

【經典事例】

一個雞蛋的家當

　　雖然「無」和「有」有著辨證的統一，「有」可以從「無」中悟出，「無」也可以作為「有」的源頭。但是在現實生活當中「無」和「有」還是要區別對待

的，不管是把「有」當成「無」，還是把「無」看成「有」，都會犯或多或少的錯誤。

在鄧拓的《燕山夜話》裡有一篇叫做〈一個雞蛋的家當〉，講明朝萬曆年間，有個城裡人非常貧窮，每天都過著吃了上頓不知道下頓在哪兒的生活。即使是這樣，他還是不願意腳踏實地地工作，一天到晚做著發財的夢。

一天，他出去的時候偶然在草堆裡拾到一個雞蛋，這下他簡直大喜過望，興沖沖地奔回去，還沒進門就大叫：「我有家產了，我有家產了！」妻子急忙問：「家產在什麼地方？」他小心翼翼地拿出拾來的雞蛋給妻子看，說：「喏，這個就是。只不過必須等到十年之後，家產才能有呢！」於是，他便和妻子商量說：「我拿這個雞蛋去找鄰居，借他家正在抱窩的母雞孵它。等小雞孵出來，我從中挑隻母雞。母雞長大後可以下蛋，一個月又可以孵出15隻雞。兩年之內，雞生蛋，蛋生雞，這樣就可以得到300隻雞，300隻雞能夠換來10金。我用這10金可以買來5頭母牛，母牛又生母牛，3年以後可以得到25頭母牛。母牛生下的小母牛，又可以再生母牛，再過3年又可以得到150頭牛，這樣，又可以換得300金了。我拿著這300金去放高利貸，3年之中又可以得500金。這500金中，用三分之二買田

產、房屋，用三分之一買僮僕、小妾，我便可以與妳一起快樂自在地度過晚年了，這不是很快活的事嗎？」

妻子剛開始聽還好，聽到末幾句話，不由得勃然大怒：「什麼，你還敢買小妾！」一下子氣不過來，趁著丈夫不注意，撲過去一下把雞蛋打破了，說：「那就不要留下這

個禍根！」

　　丈夫一看雞蛋和夢想一起被打破了，氣極了，取過鞭子狠狠地抽打妻子。打完了還未消氣，又到衙門去告狀，說：「這個惡婦，把偌大的家業敗得一文不剩，我請求殺了她。」官老爺奇怪地問：「你的家業在哪裡呢？現在又敗成了什麼樣子？」這個人便從拾到一個雞蛋說起，一直說到要買小妾，原原本本地告訴了官老爺。官老爺想了想，就命令衙役把他妻子抓了起來，呵斥她說：「這麼大的一個家業，被妳這個惡婦一拳就毀盡了，不殺了妳不足以抵罪！」接著就下令架起油鍋，將油燒得滾燙。那妻子見了嚇得面無血色，號咷大哭起來：「官老爺啊，你可得做主啊，我是冤枉的啊！」「說，妳還有什麼冤屈！」「我丈夫說的一切都是還沒有成為事實的事，為什麼要烹我呢？」官老爺說：「妳丈夫說買妾，也是沒有成為事實的事，妳為什麼要嫉妒呢？」妻子說：「道理是這樣，但是剷除禍根要早啊！」官老爺聽了笑了笑，放她走了。

　　就像故事當中所說的那樣，丈夫把原本只存在於想像當中的「無」當成生活當中的「有」並聲稱自己擁有了偌大的家當，本來就夠讓人齒寒的了。而他的那位妻子竟然還會因為這個根本就不存在的事情大發雷霆，讀來更是讓人捧腹。

　　一個煞有介事的將虛妄當作現實，一個還以此為依據大發脾氣，丈夫和妻子真是又愚蠢又可笑。所以我們不管做什麼事，都要踏實，不能學這對夫妻把虛幻的東西作為根基。

第二章　美之為美

【原文】

天下皆知美之為美，斯惡①已；皆知善之為善，斯②不善已。故有無相生，難易相成，長短相形，高下相盈，音聲③相和，前後相隨。恒也。是以聖人④處無為之事，行不言之教，萬物作⑤焉而不辭，生而不有，為而不恃，功成而弗居。夫唯弗居，是以不去。

【注釋】

①惡：凡指一切醜陋的事物。

②斯：這。

③音聲：漢朝鄭玄為《禮記・樂記》做注時說，合奏出的樂音叫做「音」，單一發出的音響叫做「聲」。

④聖人：聖王，功績卓越的帝王。老子所說的「聖人」通常是指具有這種理想人格形態的組織管理者，或社會的統治者。

⑤作：興起、發生、創造。

【譯文】

天下人都知道美之所以為美，於是就有了醜的概念；都知道善之所以為善，於是就知道什麼是不善了。所以，有與無是相對而言的，難與易是相互促成的，

長與短是相互比較才顯現的，高與下是相依而存的，音樂與歌聲是相互和諧而成的，前與後是相互照應的。這些都是相輔相成的關係，是永恆不變的真理。

因此，聖人採取無為的方式來處理世事，推行一些不言的教育。讓萬物自然的產生而不去人為地創造，任其萬物自由地發展而不去強加自己的意志，成就了事業而不據為己有。正因為不自居其功，所以其功卻永恆不滅。

【經典解讀】

樸實的辨證法，是老子哲學中最有價值的部分。這一章詳細闡述了老子對規律的理解。道指的就是規律。而道家思想對規律的最根本的見解就是：「萬物作焉而不辭，生而不有。」就是規律是自然的、變化的、不為人所控制的。對待規律的根本態度是「充分尊重規律，然後才是利用規律」，這是一種非常樸實的辨證思想。

老子闡明了對立雙方相互依存、相互作用又相互轉化的辨證法思想。老子認為，事物的發展和變化，都是在矛盾對立的狀態中產生的。對立著的雙方互相依存、互相聯結，並能向其相反的方向轉化。

老子的辨證法是基於對自然和社會綜合的概括，包括客觀現實中的一事一物，人類本身都是對立而又相互依存的，他所提出的一系列的對立面，在人類社會生活中隨處可見，如善惡、美醜、是非、強弱、成敗、禍福等，都蘊含著豐富的辨證法原理。這就沒有絕對的自由，想要無所依憑就得無己。因而他希望一切順乎自然，超脫於現實。

范蠡有功天下而不自居

春秋戰國時，吳國在晉國的支持下，國力日漸強盛，又在雞父之戰中奪取了楚國在淮水邊的要地州來（今安徽鳳台），佔據了有利地勢。

當吳、越交戰時，吳王夫差打敗了越國，范蠡向越王勾踐建議，要想保存越國，就必須先委屈大王。越王聽從了范蠡的意見，向吳王表示：只要保存越國，自己情願到吳國做人質，侍奉吳王夫差。夫差答應了勾踐的請求。

於是，范蠡陪同勾踐夫婦在吳國為奴三年，受盡了屈辱，飽經滄桑。由於盡心盡力，唯唯諾諾，夫差竟不顧伍子胥的堅決反對，把勾踐夫婦放歸回國。歸國後，他與文種擬定興越滅吳九術，是越國「十年生聚，十年教訓」的策劃者和組織者。范蠡事越王勾踐二十餘年，苦身戮力，卒於滅吳，成就越王霸業，被尊為上將軍。

「吳王亡身餘杭山，越王擺宴姑蘇台。」范蠡非常瞭解越王的為人，只能共患難不能共富貴。於是在舉國歡慶之時，范蠡急流勇退，在一個靜悄悄的夜晚，騎著心愛的馬，帶著妻兒走了。

後來，他來到齊國改名換姓，帶領兒子和門徒在海邊結廬而居。戮力墾荒耕作，兼營副業並經商，沒有幾年，就累積了數千萬家產。他仗義疏財，施善鄉梓，范蠡的賢明能幹被齊人賞識，齊王把他請進國都臨淄，拜為主持政務的相國。他喟然感嘆：「居官致於卿相，治家能致千金；對於一個白手起家的布衣來講，已經到了極點。久受尊名，恐怕不是吉祥的徵兆。」於是，才三年，他再次

急流勇退，向齊王歸還了相印，散盡家財給知交和老鄉。

　　最後范蠡來到了一個叫做「陶」的地方住了下來，自稱為「陶朱公」。在這裡，范蠡又做起了買賣。沒出幾年，經商積資又成巨富，遂自號陶朱公，當地民眾皆尊陶朱公為財神，乃我國道德經商——儒商之鼻祖。

　　史學家司馬遷稱：「范蠡三遷皆有榮名。」史書中有語概括其平生：「與時逐而不責於人。」世人譽之：「忠以為國；智以保身；商以致富，成名天下。」

　　范蠡用自己的利取得了流傳萬世的名——陶朱公。這正是老子的：「夫唯弗居，是以不去。」的道理。正因為不自居其功，所以其功卻永恆不滅。

閱讀筆記

第三章　聖人之治

【原文】

不尚賢^①，使民不爭；不貴難得之貨^②，使民不為盜；不見可欲^③，使民心不亂。是以聖人之治，虛其心，實其腹^④；弱其志，強其骨。常使民無知無欲^⑤，使夫知者不敢為也。為無為，則無不治^⑥。

【注釋】

①尚賢：尚，即崇尚、尊崇、賢；有德行、有才能的人。

②貴：珍貴、稀少。貨：財物。

③欲：欲望。

④實其腹：從事於基本的勞動，使人民填飽自己的肚子。

⑤無知無欲：沒有奸詐的心思，沒有非分妄想的欲求。

⑥治：治理，此意是天下得到治理。

【譯文】

　　不推崇賢才功名，使民眾不爭名奪位；不把難得的財物視為珍貴，使民眾不去做盜竊的壞事；不讓民眾看見可貪的功名、利祿，使民眾之心不產生邪惡、不作亂。所以聖人治理國家，就要淨化民眾的心靈，滿足民眾的溫飽，削弱民眾爭名奪利的志向，強健民眾的體魄。永遠使人們沒有奸詐的心思，沒有非分妄想的

欲求。就可以使那些爭名奪利、為非作歹之徒不敢胡作非為。遵從無為之道，那麼國家就沒有治理不好的。

【經典解讀】

老子站在時代的角度來審視社會現象，統治者根據人性的弱點，來實施自己的統治策略。在封建統治階級，帝王們利用名利來招攬天下的賢才，為自己所用。老子以無為之道講了治國之道：「聖人之治，虛其心，實其腹；弱其志，強其骨。」在這裡老子講了統治者想要治理好國家，先要讓自己懂得各種道理。

在我們的現實生活中也一樣，不管身為哪個行業的管理人員，管理就是先學會一種道理，要求我們先要讓自己懂得各種道理，然後才能管理好員工、管理好企業。

【經典事例】

晉文公以禮、義、信治軍終成霸主

大家都知道晉文公是春秋時期的一位比較開明的君主，他的開明使得當時的晉國也相對的清明。很多大臣都敢直言進諫並得到了採納，在這些大臣的幫助下，晉文公勵精圖治終於依靠強盛的綜合國力成為春秋五霸之一。

西元前636年，晉公子重耳回國當上國君，是為晉文公。他當上國君後，一方面大力發展生產，同時也不忘徵發各地的百姓，組織成軍隊，訓練作戰。經過兩年時間的訓練晉文公覺得他的這支軍隊已經具備了相當強的作戰能力了。於是就準備使用這支軍隊開始他的爭霸計畫。

這時候他的大臣子犯來見他，跟他說：「百姓雖然經過訓練，形成了很強的戰鬥力，但他們還不懂得什麼是義，還沒能各居其位，還沒到用他們的時候。」

晉文公覺得有道理，他便想辦法讓百姓懂得義。正在這時，周朝發生了「昭叔之難」。

這個昭叔是周惠王的兒子，他和他的哥哥襄王的王后狄隗密謀叛亂，襄王知道後，便將狄隗廢掉。這件事觸怒了狄隗的娘家，他們派重兵攻打周朝，周襄王被迫逃到鄭國。

那時候周朝雖然國力貧弱，但在名義上還是各諸侯國的宗主，狄隗的娘家人率重兵攻周朝那就是屬於不義的舉動。聰明的晉文公於是決定幫助周襄王返回周朝並用這件事告訴晉國的百姓什麼是義。

於是晉文公就將他訓練了兩年的這支軍隊分成左右兩支，然後分別派出去幫助周襄王回朝。他讓先派出去的右軍去攻打不義之師昭叔，然後再讓左軍去鄭國迎接周襄王返國。事成後，周襄王為表彰晉文公的功勞，準備用天子的禮儀來迎接晉文公。

晉文公成功地幫助周襄王復國，用事實告訴了自己的士兵什麼叫做義，這時候他便覺得他的這支軍隊總該可以使用了。

誰知道那個子犯又出來阻攔說：「大王的這支軍隊雖然懂得了義，但還不知道信用是什麼，還是不能夠用。」

晉文公聽了，仔細一想，覺得也有道理。

於是就開始了他的第二個計畫，他帶著手下的士兵假意去攻打不遠的原國，並規定所有的士兵都只帶三天的口糧，說三天以後撤兵。

但是軍隊圍困原國城池整整三天，士兵們的糧食全部吃完了，而原國還堅守城池不出。於是晉文公就下令退兵，正當晉軍剛退兵時，間諜從城裡出來報告說：「原國已經準備投降了。」

這時候就有人出來說：「大王，我們已經圍了他們三天了，再堅持一下他們就投降了，這時候撤兵豈不是太可惜了。」晉文公說：「當初我跟戰士們說的就是三天，也只讓他們帶了三天的口糧，現在又怎麼能夠出爾反爾呢？放棄即將到手的原國固然很可惜，但是要是以失去士兵的信任為代價的話，我寧可捨棄原國。」

從此以後晉國國內的民風大變，凡事以信為本。

做完這些後，晉文公問子犯：「這回行了吧？」

子犯回答：「您的軍隊雖知信、義，還不知道禮，還沒有養成恭謙讓範。」

於是，晉文公又在讓百姓知禮方面下苦功。他舉行盛大的閱兵儀式，每個環節都依照軍禮執行，使他們看到禮儀；他又規定百官的等級及職責，使他們知道對什麼職官行什麼禮儀。不但如此，還知道根據禮來判斷一件事的是非。這時，子犯笑著說：「現在可以開始您的爭霸計畫了。」

於是，晉文公開始伐曹、攻衛，取得齊國之地，大敗楚軍於城濮，成為春秋五霸之一。

在這個歷史故事中我們能深刻的感受到古人的文化和古老的智慧，晉文公他讓他的子民們懂得了禮、義、信三個道理，取得了一種「聖人之治」的效果。

閱讀筆記

第四章　萬物之宗

【原文】

　　道沖①，而用之或不盈②，淵兮，似萬物之宗③。挫其銳，解其紛④，和其光⑤，同其塵。湛⑥兮，似或存，吾不知誰之子，象帝⑦之先。

【注釋】

　　①沖：古字為「盅」，器物虛空，比喻空虛。

　　②盈：滿盈，引申為盡頭。

　　③宗：祖宗、祖先。指根源之意。

　　④解其紛：消解掉它的糾紛。

　　⑤光：光芒。

　　⑥湛：沉沒。

　　⑦帝：天、上帝。

【譯文】

　　道本是虛無的，而它的作用卻是無窮無盡。深淵啊！它好像萬物的本源。消磨它的銳角，消解掉它的糾紛，調和它的光芒，混同於塵世。幽隱啊！它隱沒不見，而又實際存在，我不知道它是誰孕育的，在天帝之前它就存在了。

這一章老子講了道的存在情態，道不是鮮明的具體存在物，老子提出了「道」是宇宙的本源，它似乎退隱於所有存在背後的最深處，所以說「淵兮，似萬物之宗」。它是萬事萬物的宗主，支配著一切事物，是宇宙天地存在和發展變化必須依賴的力量。而且它「吾不知誰之子，象帝之先」，先於天帝而存在。

【經典事例】

宋人無視自然規律揠苗助長

和其他的萬事萬物一樣，莊稼春種秋收有它自己的生長規律，不管你是誰想要獲得糧食的豐收你都得順應它的這種規律，要不然只會適得其反。

歷史上有個「揠苗助長」的故事講的就是不按莊稼的生長規律，盲目行動結果造成損失的事。據《孟子》記載，有一個宋國人，靠種莊稼為生，每天天一亮他就到田裡去勞動。當太陽當空的時候，也沒個遮攔，宋國人渾身的衣衫被汗浸得濕透，但他還是頂著烈日躬著身子插秧。就這樣日復一日，每當勞動了一天，宋國人回到家以後，便累得一動也不想動，連話也懶得說一句。

這一天，他又是一大早便來到了田裡，耕了很久的地實在挺累的，便坐在田埂上休息。他望著莊稼地看來看去，自言自語道：「我每天扛著鋤頭在田裡累死累活的，但莊稼怎麼一點也看不出來長高啊？」他一邊唸叨，一邊順手去拔身邊的一根草，一下子草被拔出來了。突然，他腦子裡有了主意：「對了，我怎麼就沒想到呢？」

於是，他馬上下到田裡，開始忙碌起來，把每根稻子都向上拔了拔。太陽落山了，宋國人筋疲力盡地回到家裡，他一進門就興奮地告訴家裡人說：「今天可把我累壞了！我幫助田裡的禾苗往上長了一些，它們一下子就長高了這麼多⋯⋯」

「什麼？」他的兒子急忙提了盞燈跑到田裡去看。可是已經晚了，滿田的稻苗都開始枯萎了。

宋國人忙碌了一天，為什麼沒有得到好的結果呢？

道理很簡單，就是因為他單憑主觀願望辦事，完全違背了莊稼生長的客觀規律。這與老子所說的：「道沖，而用之或不盈，湛兮，似或存。」的道理是一樣的。自然界和人類社會都有它們發展、變化的客觀規律。這些規律不以人們的意志為轉移，人們不能違背它、改變它。

閱讀筆記

第五章 天地之間

【原文】

天地不仁，以萬物為芻狗^①；聖人不仁，以百姓為芻狗。天地之間，其猶橐籥^②乎？虛而不屈^③，動而愈出。多言數窮^④，不如守中^⑤。

【注釋】

①芻狗：用稻草紮成的狗，古代祭祀神靈時用。

②橐籥（ㄊㄨㄛˊ ㄌㄩㄝˋ）：古代冶煉時為爐火鼓風用的助燃器具——袋囊和送風管，是古代的風箱。

③屈：竭盡、窮竭。

④窮：盡頭、滅亡。

⑤守中：中，通沖，指內心的虛靜。守中：堅守空虛。

【譯文】

天地無所謂仁愛之心，把萬物當作用稻草紮成的芻狗來看待；聖人也無所謂仁愛之心，把百姓也當作用稻草紮成的芻狗來看待。天地之間，不正像一個冶煉的風箱嗎？它雖空虛但卻不窮竭，運行中生化不息。政令發號的越多反而會加速國家的滅亡，不如持守虛靜之道。

【經典解讀】

　　老子一開始就透過生活中的兩個比喻，一是古代祭祀時，用稻草紮成的狗，祭祀時用它，用完後就任其自生自滅。再一個是透過古時用的風箱，看似空虛，實則用的時候卻有充足的氣，喻指天地之間好像一個風箱，空虛而不會枯竭，越鼓動，風越多。

　　透過以上的兩個比喻來說明「多言數窮，不如守中」。勸導統治者不要濫施仁愛，而要像虛空一樣不妨礙萬物行於其自然；不要力圖集權以多行號令，而要持守中庸之道。

【經典事例】

鄭王不盲從民意

　　一般說來，身為一個開明的君主，要懂得「順應民意」和「傾聽民眾的呼聲」。但並不是要盲目相信民眾、順應民意，因為民意有時也會是錯誤的。因此一個真正賢明的君主不但要「傾聽民眾的呼聲」，還要能正確判斷這種「呼聲」裡哪些是可行的、哪些是不可行的。

　　春秋時期鄭國的宰相子產是個有抱負、有作為的政治家。他所實行的一系列改革，真正為民眾謀到了不少的福利，深受民眾的愛戴。但是剛開始的時候事情完全不是這樣。

　　子產剛當上鄭國宰相時，政治上制訂法令，要求全國人民遵紀守法；經濟上鼓勵墾荒，並制訂新的稅收制度。措施剛一公佈時，觸動了老百姓的一些利益，

弄得全國怨聲載道，老百姓沿街而唱，責罵子產：

「可惡的子產呀，你甚麼時候才死去！」

後來這件事傳到鄭國君臣的耳朵裡，就有人向鄭王進諫罷免子產的官職，廢除他所制訂的法令。但是鄭王沒有聽信大臣的進言，反而給了子產很多支持，讓他放開手去做。

幾年之後，鄭國在子產的治理下，國泰民安，風化肅然，出不閉戶，路不拾遺。老百姓們不再責罵，反倒稱讚起子產來。等到子產去世的時候，鄭國的農民不再耕作，婦女不戴玉佩，青年們捶胸頓足、號啕大哭，老年人齊聲悲哀地呼喊：

「子產離開了我們，叫我們去靠誰呢？」

可想而知，鄭王要是在百姓責罵子產時，順應民意，將子產撤職查辦，會怎麼樣呢？那只會使得鄭國失去一個敢作敢為的大臣，老百姓失去一個真心為民的宰相。

所以說，民眾的意見有時是錯誤的，身為領導者，千萬不可盲目地服從。

第六章　谷神不死

【原文】

　　谷神①不死，是謂玄牝②，玄牝之門，是謂天地根。綿綿③若存，用之不勤④。

【注釋】

　　①谷神：虛無之神。《爾雅・釋言》：「谷，生也。」《廣雅・釋詁》：「谷，養也。」谷神者，生養之神。

　　②玄牝（ㄆㄧㄣˋ）：玄，原意是深黑色，此意是深遠、神秘、微妙難測的意思。牝：雌性。玄牝指玄妙的母性。這裡指孕育和生養出天地萬物的母體。

　　③綿綿：連綿不絕的樣子。

　　④勤：作「盡」講。

【譯文】

　　虛無之神是永恆長存的，這就叫做玄妙的母性。玄妙的生母之門，就是天地生成的根本。它連綿不絕地存在著，它的作用是無窮無盡的。

【經典解讀】

　　本章是對第四章所確立的道本是虛無的進一步描述。老子用「谷」來說明「道」既是空虛的又是實在的；用「神」來說明「道」生萬物，綿延不斷、生生

不息，而且用「玄牝」指孕育和生養出天地萬物的根源。

　　老子把道體與生育母體相等同，藉以說明他所確立的理想境界是具有「孕生」一切事業功果的無限「生育」能力，並且這「道」的存在是永恆的，而「道」的這種作用也是沒有盡頭的。

【經典事例】

西門豹治水

　　就像老子在這一章裡所說的，自然界萬事萬物的運行都有它自己的規律。身為處在自然當中的人來講，面對自然你都得無條件順從它的這種規律。樹木生長需要水你就不能讓它乾旱著，河水氾濫了就應該想辦法去治理，以造福天下百姓。如果不遵循它的自然規律行事，其結果必然是害人又害己。看看戰國時期魏國鄴地的官紳是怎樣的下場。

　　戰國時候，魏王派西門豹去鄴地（今河北臨漳縣）做縣令。西門豹到了鄴縣，看到那裡人煙稀少，田地荒蕪，百業蕭條，一片冷清。就找了一些老百姓問是怎麼回事。

　　一位老人告訴他，都是每年給河神娶媳婦造成的，把整個鄴地鬧成現在這個樣子。

　　原來，鄴地挨著漳河，當地民間有個傳說，河伯是漳河的神。如果不給河神娶媳婦，漳河就要發大水，把田地、村莊全淹沒。所以每年都要給河神娶一個年輕漂亮的姑娘。長久以來，地方上的管事每年藉此徵收額外的稅捐，硬逼著百姓

出錢。他們每年都要斂幾百萬錢，用二、三十萬錢辦喜事，剩下的就跟巫婆平分了。

西門豹問：「新娘子是哪兒來的？」

老人說：「每年到了固定時候，就有一個老巫婆出來巡查，見哪家的閨女年輕，長得漂亮，巫婆就強行把女孩子帶走。有錢的人家花點錢就打發了，沒錢的人家就只有自認倒楣了。到了河伯娶媳婦的那天，眾人就把女孩子打扮一番，在漳河邊上放一領葦席，讓她坐在葦席上，放到河裡，起初女孩還浮在水面上，漸漸的席子跟人就沉到水底去了。所以，有閨女的人家都跑到外地去了，這裡的人口就越來越少，地方也越來越窮。」

西門豹問：「那是不是這樣漳河就不發大水了？」

老人說：「還是發。巫婆說幸虧每年給河伯送媳婦，要不漳河發水還會更氾濫。」

西門豹說：「哦，巫婆這麼說，河伯還是靈啊！下一回河伯娶媳婦，告訴我一聲，我也去送送新娘。」

又到了給河神娶親的日子了。到了河伯娶媳婦那天，河邊上站滿了人。西門豹真的帶著衛士來了。巫婆和地方上的管事急忙迎接。隨同的老巫婆看樣子有七十多歲，背後跟著十來個穿著妖豔的女徒弟。

西門豹說：「把河神的老婆帶過來，讓我看看她漂不漂亮。」有人把女孩帶過來，西門豹一看女孩子滿臉淚水，回頭對巫婆說：「不行，這姑娘不漂亮，不夠資格做河神的老婆。麻煩巫婆到河裡通知河神，另外選個漂亮的，過幾天送去。」說著，還沒等眾人明白是怎麼回事，就叫衛士抱起巫婆，把她投進了漳河。 過了一會兒，西門豹說：「巫婆怎麼還不回來？讓她徒弟去催一催。」於是又命令士兵把巫婆的一個徒弟扔進河裡，這樣前前後後，扔了三個徒弟到河裡。

河邊站著的富人們、官府裡的人和圍觀的人都嚇呆了，一個個面色如土。又過了一會兒，西門豹說 ：「看來河神還挺好客呢！留住了這些人都不讓她們回來了，麻煩地方上的管事去給河伯說說吧！」說完，他向那些操辦這件事的地方富紳和官吏看去，這些人從驚嚇中回過神來，全都跪在地上求饒，生怕西門豹把自己也扔下河去見河神。

這下子老百姓都恍然大悟了。原來巫婆和地方的管事都是害人騙錢的。從此，誰也不敢再提給河伯娶媳婦的事了。

懲治了害人的官紳以後，西門豹親自率人勘測水源，發動百姓在漳河周圍開掘了十二渠，把漳河水引到田裡，灌溉莊稼。從此，漳河兩岸年年豐收。在發展農業生產的同時，還實行「寓兵於農、藏糧於民」的政策，很快就使鄴城民富兵強，成為戰國時期魏國的東北重鎮。

第七章　天長地久

【原文】

　　天長地久。天地所以能長且久者，以其不自生①，故能長生。是以聖人後其身而身先，外其身②而身存。非以其無私耶？故能成其私③。

【注釋】

　　①以其不自生：指天地不為自己而生存。

　　②外其身：置之度外的意思。

　　③私：個人的成就。

【譯文】

　　天長地久，天地之所以能長久存在，是因為天地不為了自己的生存而自然地運行著，所以能長存。因此，聖人把自己置於最後，他反而在前；把自身置之度外，他反而能保全自身生存。這不正是因為他沒有私心嗎？所以反而能成就他自己所追求的事業。

【經典解讀】

　　以天地不為了自己而生存，所以能長生和聖人不謀私利，反而能保全自身為例，說明純樸無私的人反而能長保自身。老子以此來告誡人們：我們人類要想與

世長存，就必須遵循天道的根本，心存無私，要經常為他人著想，而不唯獨考慮自己，只有這樣才能真正地擁有自己，才能得到他人的敬重。

老子所讚美的聖人是：能謙居人後、置身度外。聖人的心中沒有「自私」的概念，所以他才能得到真正意義上的「自私」，成就了自身的利益。這種思想，有人認為是為人處世的智慧，以無爭爭，以無私私，以無為為。

【經典事例】

大禹公而忘私得天下

距今約四千多年前，生產能力很低下，生活條件很艱苦，有些大河每隔一年半載就要鬧一次水災。有一次，黃河流域發生了特大的水災，洪水橫流，滔滔不息，房屋倒塌，田地被淹，五穀不收，人民死亡。活著的人們只得逃到山上去躲避。

部落聯盟首領堯，為了解除水患，召開了部落聯盟會議，準備選出一個賢能的人去治理一下水患，當時各個部落的首領都推薦了大禹的父親鯀（ㄍㄨㄣˇ）去辦理。只有堯不贊成，說：「他很任性，可能辦不成大事。」但是，首領們堅持讓鯀去試一試。

鯀到治水的地方以後，沿用了過去傳統的水來土擋的辦法治水，也就是用土築堤，堵塞漏洞的辦法。他把人們活動的地區用了一個像圍牆似的小土城圍了起來，洪水來時，不斷加高加厚土層。但是由於洪水凶猛，不斷衝擊土牆，結果弄得堤毀牆塌，洪水氾濫反而更嚴重了。鯀治水九年，勞民傷財，一事無成，並沒有把洪水治理好。

最後鯀不但沒有把凶猛的洪水治理好，反而使得自己也葬身在洪流當中。鯀去世以後，大禹接受大家的推薦去治理洪水，他首先尋找了以前治水失敗的教訓，接著就帶領契、棄等人和徒眾助手一起跋山涉水，把水流的源頭、上游、下游大略考察了一遍，並在重要的地方堆積一些石頭或砍伐樹木作為記號，便於治水時做參考。

考察完畢，大禹對各種水情做了認真研究，最後決定用疏導的辦法來治理水患。大禹親自率領徒眾和百姓，帶著簡陋的石斧、石刀、石鏟、木耒等工具，開始治水。他們一心置於治水上，露宿野餐，粗衣淡飯，風裡來雨裡去，踏踏實實地勞動著。尤其是大禹，起早勞動，兢兢業業，腰累疼了，腿累腫了，仍然不敢懈怠。

大禹指揮人們花了十年左右的工夫，鑿了一座又一座大山，開了一條又一條河渠。他公而忘私，據說大禹幾次路過家門，都沒有進去。第一次他路過家門口，正好遇上妻子生孩子，大家勸他進去看一看，照顧一下，他怕影響治水，沒有進去；又有一次，他的孩子看見了父親，非常高興，要大禹到家裡看一看，他還是沒有進去。他把整個身心都用在開山挖河的事業上了。

後來大禹因治水有功，被大家推舉為舜的助手。過了十七年，舜死後，他繼任部落聯盟首領。

當上聯盟首領以後，大禹召集諸侯，計功行賞，還組織人們利用水土去發展農業生產。他叫伯益把稻種發給群眾，讓他們在低溫的地方種植水稻；又叫后稷教大家種植不同品種的作物；還在湖泊中養殖魚類、鵝鴨，種植蒲草，水害變成了水利。伯益又改進了鑿井技術，使農業生產有了較大的發展，到處出現了五穀

豐收、六畜興旺的景象。

　　當時的部落首領何止幾十個之多，在這眾多的人選之中大禹之所以能夠成為部落聯盟的首領，主要還是因為他的公而忘私，先天下而後自己的作風感動了大家。當大家推選他的父親去治理水患的時候他能夠不顧自己的父子私情，提出不同的意見。但是當治理水患的重任落到自己的身上的時候又能夠竭盡全力去做，三過家門而不入，為大家而捨棄小家的幸福。這不正是老子所說的「後其身而身先，外其身而身存」的道理嗎？

閱讀筆記

第八章　上善若水

【原文】

上①善若水。水善利②萬物而不爭，處眾人所惡，故幾於道③。居善地，心善淵④，與善仁，言善信，政善治，事善能，動善時。夫唯不爭，故無尤⑤。

【注釋】

①上：最的意思。

②利：化生養蓄之意。

③幾於道：即接近於道。幾，接近。

④淵：深沉、沉靜。

⑤尤：怨咎、罪過、過失。

【譯文】

最善的人就好像水一樣。水善於滋潤萬物而不與萬物爭名奪利，它處身於眾人所厭惡的地方，所以水最接近於「道」。最善的人，總把自己處於眾人之下。心胸善於保持沉靜，待人善於真誠、友愛，說話善於遵守信用，為政善於精簡處理，處事善於發揮長處，行動善於把握時機。正因為最善的人有不與民眾爭名奪利的美德，所以他就沒有過失，沒有怨咎。

　　本章老子以水為例來喻人、教人，老子聲稱，擁有最高尚品德的人就如同水一樣，具有寬廣的胸懷、謙遜的品格、與世無爭的情操、寬厚誠實的作風，這些最接近道的本質，是人們最應效仿的德行。最完善的人格也應該具有這種心態與行為，不但做有利於眾人的事情而且不與之爭名奪利，還願意去眾人不願去的卑下的地方。

　　所以，水「善利萬物而不爭」，是老子「利而不害，為而不爭」原則的體現者，它與「樸」、「聖人」、「善為士者」等構成了最高楷模——道體之外的比較切近現實的輔助楷模。這就是老子「善利萬物而不爭」的著名思想。

【經典事例】

晉獻公借道滅敵

　　西元前659年夏天，晉國的晉獻公想要派兵去攻打虢國。但是想要到達虢國中間就必須經過虞國，晉獻公為了借道虞國的事情弄得好些日子愁眉不展。因為虞國還不會傻到乖乖讓出一條路讓晉國去攻打自己的鄰國的地步。

　　這時候大臣荀息對晉獻公說：「平白無故虞國當然不會借道給我們晉國了，但是我聽說虞國的國君虞公是個鼠目寸光的小人，見錢眼開，大王只要把我們的國寶送給虞公，他一定肯答應借我們一條路，讓我們通過虞國。」

　　荀息說的「國寶」是指晉國馬廄中原產於屈地的千里馬和國庫中原產於垂棘的璧。晉獻公最珍愛這兩件奇物，對荀息說：「這可是我最喜歡的寶物啊！

再說，虞國有宮之奇這樣的賢臣在，他們怎麼會蠢到『借路』給我們這種地步呢？」

荀息道：「我們把千里馬和璧送給虞公，不過是把千里馬從這個馬廄牽到那個馬廄中，把璧從這個倉庫放到那個倉庫中，這些馬廄和倉庫早晚都是您的啊！宮之奇這個人足智多謀，但他不敢犯上強諫，虞公絕不會聽從他的勸告。」

晉獻公接受了荀息的建議，派人把千里馬和璧送給虞公，虞公果然沒有聽從宮之奇的勸告，同意讓晉國的軍隊從自己的國土上通過。不過晉國的第一次征伐並沒有取得成功，在虢國的拼死抵抗下，晉獻公選擇了放棄。沒能攻下虞國的晉獻公並不準備就此甘休，西元前655年，晉國聚集精兵良將，再次向虞國借路攻伐虢國。宮之奇勸說虞公道：「這一次無論如何再也不能讓晉國的軍隊在虞國經過了。因為虢虞兩國相互依存，虢國滅亡了，虞國也就日薄西山了。所謂『輔車相依，唇亡齒寒』說的正是虢虞兩國今天的形勢。試想，車都不存在了，連接車轂和輪圈的輔還能有嗎？嘴唇沒有了，牙齒就會覺得寒冷。請大王三思而行。」

但是貪利成性的虞公再次拒絕了宮之奇的勸告，借路給了晉國。結果晉國大兵經虞國進入虢國，迅速攻克虢國的上陽，消滅了虢國。就在晉國軍隊凱旋的途中，晉軍趁虞公毫無防備之機，一舉消滅了虞國，虞公成了晉軍的俘虜，千里馬和美璧也都重新回到晉獻公手中。

老子所說：「事善能，動善時。」晉軍就是善於把握時機，趁機不費力氣就把虞國給消滅了。

第九章　功遂身退

【原文】

　　持①而盈之，不如其已②；揣③而銳之，不可長保。金玉滿堂，莫
之能守；富貴而驕，自遺其咎④。功遂身退，天之道⑤也。

【注釋】

　　①持：手執、手捧。

　　②不如其已：已，停止、結束。不如適可而止。

　　③揣（ㄔㄨㄞˇ）：錘擊、鍊打。

　　④咎：災禍、禍害。

　　⑤天之道：指自然規律。

【譯文】

　　執持盈滿，不如適可而止。顯露鋒芒，銳勢是難以保持長久的。金玉滿堂，
沒有人能長久的守住。富貴而驕縱，是自取災禍。功成身退，這才是合乎自然運
行的規律。

【經典解讀】

　　老子在這一章中所講述的道理，被我們的歷史驗證了無數次。他在這裡告訴
世人，人做什麼事情取得了一定的成就，那是好事，但是你不能就把這些作為你

不斷提升自己的墊腳石。

手裡有個傢伙就鋒芒畢露的做法是非常危險的，老子認為理想的行為方式應該是放養事業功果於自然而功成身退。不能因為做了什麼就驕傲得不得了，以為自己功高蓋世，不把其他人放在眼裡。

老子說的沒錯，富貴而驕縱那是自取滅亡。只有懂得功成身退的人，才能夠保得自身的安全。可惜在名和利的面前沒有幾個人能夠保持清醒，這就使得每當天下大定的時候，都有好些人中俊傑喪命在自己人的手裡，真正能夠全身而退的少之又少。

【經典事例】

不知進退韓信喪命

秦朝末年的嚴刑峻法和秦二世的昏聵無能使得天下百姓民不聊生，自從在大澤鄉爆發陳勝、吳廣起義以後，各地的起義軍風起雲湧從未間斷過。這數十支義軍到秦朝滅亡以後就只剩下了項羽和劉邦的兩支最為強大。又經過幾年的征戰，當初勢力較弱的劉邦反而戰勝了看似強大的項羽奪得了天下，建立了大漢王朝。

當初為漢高祖奪得天下的有四位著名的功臣：韓信、蕭何、張良和陳平。他們在功成之後，由於在君臣關係上的不同態度，其結局也完全不同。

在楚漢戰爭中，韓信擁兵數十萬，叱吒疆場，屢出奇謀，戰必勝、攻必克，特別是垓下一戰，一舉擊敗楚霸王項羽，威震海內、名高天下。但韓信不僅不知急流勇退的道理，反而好大喜功，自恃功勞大，以致言行不加檢點。早在漢

中劉邦封韓信為將時，韓信曾說：「項王見人，恭敬慈愛，言語嘔嘔，人有疾病，涕泣分食飲。至使人有功，當封爵者，印玩弊，忍不能予，此所謂婦人之仁也。……今大王誠能反其道，任天下武勇，何所不誅！以天下城邑封功臣，何所不服！」他的這些言論使得劉邦對他極不放心，故垓下之戰一結束，劉邦就改封他為楚王。不久，劉邦採納陳平的計謀，藉口遊雲夢澤，大會諸侯，一舉擒拿韓信，然後把他貶為淮陰侯。可惜的是這時的韓信還不知自省，對漢高祖心懷怨恨，稱病不朝，終於落得被劉邦夷滅三族的悲慘下場。

可憐韓信一代人傑，當年披堅執銳，無人可敵，百萬軍中所向披靡。但是他卻不懂得為官的隱退之道。自古的君王大多都是能同患難而難以共富貴，當天下大局已定以後，那些立下過汗馬功勞的忠臣猛將們就該想想自己的出路了，特別是像韓信這樣功高蓋主的大將，就更得仔細想想了。

就像老子所說的「功遂身退，天之道也」，天下穩定了，所有的對抗者都被消滅了，身為大將你的任務就完成了，完成了任務就到了你該離開的時候了。但是韓信沒能即時看到這一點，以致於到臨死的時候才想起范蠡的那句：「狡兔死，走狗烹。高鳥盡，良弓藏。」

第十章 營魄抱一

【原文】

　　載營魄抱一①，能無離乎？專氣②致柔，能如嬰兒乎？滌除玄鑑③，能無疵乎？愛民治國，能無為乎？天門④開闔，能為雌⑤乎？明白四達，能無知乎？生之畜⑥之，生而不有，為而不恃，長而不宰，是謂玄德⑦。

【注釋】

　　①載營魄抱一：載，用做助語詞，相當於夫。營魄，即魂魄。抱一，即合一。

　　②專氣：專，結聚之意。專氣即集氣。

　　③鑑：鏡子。

　　④天門：有多種解釋。一說指耳、目、口、鼻等人的感官；一說指興衰治亂之根源；一說是指自然之理；一說是指人的心神出入，即意念和感官的配合等。此處依「感官說」。

　　⑤雌：即寧靜的意思。

　　⑥畜：養育、繁殖。

　　⑦玄德：玄妙而深邃的德行。

【譯文】

　　靈魂與真道合而為一，能不分離嗎？聚集精氣以致柔順隨和，能像嬰兒一樣

嗎？清除內心的雜念，能透亮如鏡沒有任何瑕疵嗎？愛民治國，能遵行自然無為的規律嗎？感官與外界的對立變化相接觸，能寧靜嗎？高明通達，能大智若愚嗎？萬物生長繁殖，產生萬物而不佔有，養育萬物而不恃有功，滋養萬物而不主宰它們，這就叫做自然玄妙而深邃的德行。

【經典解讀】

對於道家所提倡的人們修身進道所要達到的生存境地，以及處事的行為準則。老子在這一章裡用了六個連續排比反問的句子來闡述。並在此基礎上提出了道家德行典範的「玄德」。

這裡的「玄德」講的主要是修身的工夫，主要是道在修身治國方面所做的要求的幾條總結。要求人們要順任自然而展身作為，化育事業功果就像慈母生養兒女一樣祥和自然、功成不居，以及拋開顯學成見、路況知識的「借光」而自足在途等。

事實上要真正做到道家所說的靈魂和道的合一，是不太可能的事情。老子在這裡所提倡的也只是最大程度上的「靈道合一」，讓自己的靈魂最大限度地趨近於道。盡可能地清除內心的雜念，做到內心的清明。這就需要人們拋棄世俗的名和利，立身處世不能只盯著名利二字。

【經典事例】

顧芳善因得善果

這個故事發生在明朝弘治年間，當時顧芳是江蘇太倉縣人州府裡的一個屬

官。在他管轄區的縣城外有一戶姓江的賣燒餅的人家，江姓一家人為人忠厚老實，從未有過犯法的舉動。有一天江某被仇家誣衊為盜賊，被關在獄中，顧芳知道這是一件冤案，就向府官報告了實情，江某才得以被釋放。

江某後來知道是顧芳替他開脫了罪名他，才能夠得以釋放，知道實情的江某就和妻子一起帶著十七歲的女兒來到顧芳家裡。為了報答顧芳的恩德江氏夫婦願意將自己美麗的女兒送給顧芳作侍妾。顧芳堅持不允，推辭了。讓他們回家安心過日子，然後給女兒尋一個好的歸宿。

後來因為經營不善江家更加貧窮，只好將女兒賣給商人。幾年以後，顧芳任屬官的考核期滿，到京城去，調撥在韓侍郎門下辦事。有一天因公事見侍郎，正好侍郎外出，只好坐在堂檻下等候，正逢夫人出來，急忙迴避。夫人一見他就立即召見。顧芳跪在階下，匍匐在地上叩頭。

夫人說：「請起，請起。先生莫非就是太倉縣的顧提控嗎？」顧芳說：「是的。」夫人說：「您認識我嗎？」顧芳驚愕了。原來這位侍郎的夫人就是當年太倉縣城外賣燒餅的江姓人家的女兒，當時顧芳讓他們回家以後沒過多久父母無奈之下又把她賣給了商人。幸運的是商人把她當成乾女兒扶養，後來嫁給相公做側室，隨後又繼承正夫人位置。江家的女兒對於能夠在這裡遇見顧芳感到非常的欣慰，顧芳當年的恩德她常常掛在心頭，只想著有一天能夠好好地報答這位恩人。現在天遂人願，她終於有了報答他的機會。

後來等侍郎大人回來後，夫人就將此事告訴他，侍郎說：「顧芳是個仁義的人啊！」於是上奏朝廷，孝宗皇帝聞奏後大加稱讚，隨即任命顧芳為禮部主事。

顧芳能夠有後來的機遇，當然跟江姓女兒的知恩必報有關。但是更重要的

是，當年他拒絕了江家人的報答，而沒惦記著時時要人家報答他。要是當年的他貪圖美色留下江家女兒的話，他固然能夠得到一位美貌的侍妾。在當時的社會背景下也不會有人說他什麼，但就不會有後來的大好前程了。對於一個官場中的人來說前程可遠遠要比侍妾重要得多。

閱讀筆記

第十一章 無之為用

【原文】

三十輻①共一轂②，當其無③，有車之用。埏埴④以為器，當其無，有器之用。鑿戶牖⑤以為室，當其無，有室之用。故有之以為利，無之以為用。

【注釋】

①輻：車輪中連接軸心和車輪外圈的木條，古時代的車輪由三十根輻條所構成。

②轂（ㄍㄨˇ）：是車輪中心的木製圓圈，內有圓孔，用於穿插車條並連接車軸。

③無：指車轂的中間空的地方。

④埏埴：即和陶土做成供人飲食使用的器皿。埏，攪和；埴，土。

⑤鑿戶牖（ㄧㄡˇ）：鑿，打孔挖槽。戶牖，門窗。

【譯文】

三十根輻條湊集到一根車轂中，有了車轂中空的地方，才發揮了車輪的作用；揉和粘土做成器皿，有了器具中空的地方，才發揮了器皿的作用。開鑿門窗建造房屋，有了門窗四壁內的空的地方，才發揮了房屋的作用。所以，「有」給人便利，「無」也發揮了它的作用。

　　老子在前面的四、五、六章就一再申明道的本身是虛無的，但這虛無的道並不是毫無用處的。道的虛無是生有的根本，是世間萬物的淵源。在這一章裡老子就藉用了一連串的類比，藉生活當中常見的現象說明無的不可替代的作用。

　　生活當中的車輪、器皿和房屋正是因為首先營造了中間的虛無，然後才由虛無發揮了有的作用。這樣他就很具體的說明了在一切作用過程當中都有一個虛無的道的存在。只要人們承認了這種虛無的存在和作用，老子所講的道就有了存在的依據了。

　　最後老子做出結論說「有之以為利，無之以為用」，它把「無」作為主要的對立面。老子認為碗、茶盅、房子等是「有」和「無」的辨證的統一，這是對的；但是認為「無」是主要對立面，這就錯了。畢竟是有了碗、茶盅、房子等，其中空的地方才能發揮作用。不過老子的這種無和有的辨證思想，對我們的人生還是有很大的啟發的。從某種程度上來說，做人也未嘗不是這樣，想要有大的作為，就得先把自己看成毫無所知的虛的狀態，再虛心地去向別人請教。

【經典事例】

張良撿鞋得天書

　　老子是認為有是從無產生的，這無疑是一個哲學上的命題。那麼把它放到我們為人處世的生活當中來，我們不妨得出這樣的結論，在人生求學或求知的過程當中。我們也要先把自己看成一種無的狀態，然後虛心向身邊的每一個人請教，只有這樣你才能夠廣積眾家之長，真正做到學有所成。這就是說做人做事你得有

謙虛好學的精神。

　　張良是楚漢時期幾個最為傑出的軍事家之一，素有「謀聖」的美稱。他跟隨漢高祖劉邦左右十餘年，立下了不少的功勞。以致於劉邦在平定天下之後，曾經得意洋洋地講：「我之所以有今天，得益於三個人：運籌帷幄之中、決勝千里之外的張良，鎮守國家、安撫百姓的蕭何，戰必勝、攻必取的韓信。這三位都是人傑，為我所用，所以得了天下。」這裡先不談他的豐功偉績，關於張良的蓋世謀略的由來有這樣一個神奇的傳說，說正是因為張良的謙虛謹慎和虛心求教的品格才使得他有了日後的作為。

　　有一天，張良一個人出去散步，來到一座橋上。看見一個老人坐在橋上，看見張良走過來就故意把一隻腳上的鞋子脫下來扔到橋下，然後轉過身來對張良說：「年輕人，替我把橋下的鞋子撿上來吧！」張良明明看見是老人自己扔下去的，卻要自己下去幫他撿鞋。覺得老人是在無理取鬧，正想要拒絕他的要求，可轉念一想：「這是個老年人，我應該尊敬他。就算他是故意的，替他撿一次鞋子也沒什麼大不了的。」於是張良就跑到橋底下把老人扔在下面的鞋子給撿了回來，然後送到了老人的面前。

　　誰知道老人並不用手去接，只是把腳一伸，說：「替我穿上！」張良覺得又好氣、又好笑，可是既然已經把鞋子撿上來了，乾脆好人做到底吧。於是他耐著性子，幫老人穿上了鞋。老人穿好鞋，連聲「謝謝」也不說，便大搖大擺地走了。

　　那個老人走了很遠以後又返了回來，老人回來之後對張良說：「你這個年輕

人不錯，是個可造之才。這樣吧！你五天之後天剛亮的時候再到橋上來吧！」張良看那老人氣度不凡，心想這老人一定大有來歷，就趕緊對老人拜了幾拜，答應五天後到橋上來見他。

五天後，張良按時來到橋頭，老人已經在那兒等候了。老人生氣地說：「你遲到了，五天後再來吧！」說完就走了。

過了五天，雞剛叫頭遍，張良就趕到橋頭去，可是那老人還是比他早到了。老人說：「你又遲到了！你如果還有心想學點東西的話，五天後再來吧！」說完，又走了。

張良悶悶不樂地回去了。第五天，張良不敢睡覺，半夜就到橋上恭候老人。等了不久，老人就來了。他看見張良，面帶笑容地說：「這才是虛心拜師的表現啊！」說完，從懷裡拿出一本書，對張良說：「我已經觀察你很久了，覺得你配做這本書的主人。好好研讀，它將來能夠使你成為輔助帝王的人才。」說完，把書交給了張良，頭也不回地走了。

天一亮，張良拿出書來一看，原來是一部十分珍貴的《太公兵法》（太公，就是周文王的軍師姜太公）。從此，張良每天誦讀《太公兵法》，潛心鑽研用兵理論，果然學問有成。

張良是韓國的貴族後裔，在遇到那位神奇的老人之前，張良就已經是一位飽學之士了。按照正常的邏輯來思考，他的學識不可能連一個糟老頭子都不如。可是面對老者他還是能夠做到謙虛、謹慎，面對老者一而再、再而三的「無禮」要求。他都恭順如初，臉上沒有一絲的怒氣。這種事情，沒有虛心好學的精神恐怕是不容易做到的。

第十二章 聖人為腹

【原文】

五色①令人目盲；五音②令人耳聾；五味③令人口爽④；馳騁畋獵⑤，令人心發狂；難得之貨，令人行妨⑥；是以聖人為腹不為目⑦，故去彼取此⑧。

【注釋】

①五色：指青、黃、赤、白、黑五種顏色。

②五音：指宮、商、角、徵、羽五種聲音。

③五味：指酸、甜、苦、辣、鹹五種味道。

④口爽：古代以「爽」為口病的專用名詞。意思是味覺失靈，生了口病。

⑤畋（ㄊㄧㄢˊ）獵：打獵獲取動物。畋指打獵的意思。

⑥行妨：傷害操行。妨；妨害、傷害。

⑦為腹不為目：從事於基本的維生事務即「為腹」，耽樂於感官的享樂即「為目」。

⑧彼：指「為目」的生活；此：指「為腹」的生活。

【譯文】

五彩繽紛使人眼花撩亂；嘈雜的聲音使人聽覺失靈；美味佳餚使人舌不知味；縱情狩獵使人心情放蕩發狂；奇珍異寶使人行為不軌。因此，聖人只求最低的生活需要而不追逐聲色之娛，所以應當捨棄物欲的誘惑，而保持安定樸實的生活。

本章又是一連串的事例的列舉，老子透過這列舉的幾個事例說明了保持清靜寡淡生活的重要性。因為只注重感官的享受就會使各種感官的作用變得不再敏感，並會逐漸使人的意志消沉，進而為個人和國家招來禍患。

老子這一論點的提出在當時具有非常重要的社會意義，因為老子生活在一個新舊制度相交替、社會動盪不安的時代。當時奴隸主貴族的生活日趨腐朽糜爛，文中列舉的幾種情況就是老子針對奴隸主貴族貪欲奢侈、縱情聲色而寫的，是揭露和勸誡，也是嚴正警告。

老子的這種觀點就是放在社會極大發展的現在來說也還有著非常重要的積極意義，人們應當時時刻刻用它來提醒自己，不管社會經濟發展到什麼程度都不應該只注重感官的享受，在物質文明極度發展的同時也不能忘記精神文明的同步發展。要不然人會在物質的享受中逐漸迷失自我，為自己帶來禍患。

周幽王烽火戲諸侯

周朝的最後一個君王周幽王是一個昏庸無道的皇帝，一向不把國家大事和天下百姓的生死放在心上。只知道縱情聲色、貪圖享受，整天在後宮和後宮的美人嬉戲。那時候有一個特別寵愛的妃子叫做褒姒，周幽王把她看得比什麼都重要，不管她想要什麼周幽王都會想盡一切辦法滿足她的要求。可是這個叫褒姒的妃子天生就不愛笑，儘管周幽王對她百般寵愛，也很見她少露出笑容。周幽王想了很多辦法來逗褒姒，想讓她笑一笑，可是，他越是想讓褒姒笑，褒姒越是沉著臉，

故意不笑。為了博得美人一笑，周幽王真是傷透了腦筋。

有一天，周幽王帶著褒姒到外面遊玩，他們到了驪山烽火臺。周幽王就告訴褒姒這些建在高處的土臺子是諸侯和君王之間通報緊急情況時用的。那時候的通訊手法非常的落後，遇到緊急的情況來不及向遠處的諸侯或是君王通告，就讓人點燃烽火臺的烽火，臨近的烽火臺看到烽火也會接連將烽火點燃，這樣用不了多久遠處的人就知道這裡出現了危險。所以每當邊疆的敵人來犯的時候，守衛邊疆的將士就會點燃烽火向國都報告險情，而當國都遭到威脅的時候也會用點燃烽火的方式召集諸侯前來。那時候，從邊疆到國都，每隔一定距離建一個高土臺，派士兵日夜駐守。

褒姒聽了周幽王的話後，不相信在這樣一個高土堆上點把火，就能召來千里之外的救兵。為了討得褒姒的歡心，周幽王立即下令，讓士兵點燃烽火。烽火在一個接一個的烽火臺上點燃，各地的諸侯很快就得到了消息，以為國都受到進攻，紛紛率領軍隊前來救援。

可是當各路諸侯匆忙趕到驪山腳下時，卻看見周幽王正和妃子在高臺上飲酒作樂，根本就沒有什麼敵人，才知道自己被國王愚弄了。諸侯們不敢發脾氣，只能悻悻地率領軍隊返回。褒姒看到平時氣度不凡的諸侯們，被戲耍後都是一臉的狼狽相，覺得很好玩，忍不住微微一笑。周幽王一見寵愛的妃子終於笑了，心裡

痛快極了。

等諸侯王都退走了以後，周幽王又讓士兵再點燃烽火，諸侯們又急忙地帶著軍隊趕來了。周幽王和褒姒一見諸侯們又上當了，在烽火臺上一起哈哈大笑。就這樣，周幽王反覆點烽火，戲弄諸侯。最後，當烽火再點燃時，已經沒有一位諸侯再上當了。

過了不久，周幽王想立褒姒為皇后，立褒姒的兒子為太子。為了達到目的，他廢掉了皇后和太子。皇后的父親是申國的國王，聽到自己的女兒被廢，非常生氣，立刻聯絡別的國家，發兵攻打周朝。周幽王趕緊下令點燃烽火，召喚諸侯。

可是諸侯們已經不再相信周幽王了，任憑烽火不斷，就是沒有一個諸侯前來救援。很快，周朝的國都就被攻破了，周幽王被殺死，褒姒被抓走，周朝滅亡了。

雖然周幽王的死和周朝的滅亡還有著更深的歷史原因，但是它的最直接的原因還是他為了討好自己的一個妃子，一再利用手中的權力戲弄依附他的諸侯，到最後國都遭到攻打的時候，竟然沒有一兵一卒的援軍。這不能不說是他縱情聲色、貪圖享受所造成的惡果。

第十三章　寵辱若驚

【原文】

寵辱①若驚，貴大患若身②。何謂寵辱若驚？寵為下，得之若驚，失之若驚，是謂寵辱若驚。何謂貴大患若身？吾所以有大患者，為吾有身，及吾無身，吾有何患③？故貴以身為天下，若可寄天下；愛以身為天下，若可托天下。

【注釋】

①寵辱：榮寵和侮辱。

②貴大患若身：重視大患就像珍貴自身生命一樣。貴；珍貴、珍視。

③及吾無身，吾有何患：意為如果我沒有身體，我有什麼大患可言呢？

【譯文】

得寵和受辱都好像受到驚恐，重視大患就像珍愛自身生命一樣。什麼叫得寵和受辱都使人感到驚恐？當寵是在你處於地位較為低下的情況下得到的，得到時會感到驚恐，失去時也感到吃驚，這就是說得寵和受辱都會使人擔心受怕。什麼叫做珍愛自身生命就像重視大患一樣呢？我之所以有大患，是因為我有身體，如果我沒有身體，我還有什麼大患可言呢？以珍重自己身體的態度去治理天下，才可以將天下託付給他；像愛護自己的身體一樣去愛護天下人，才可以將天下重任交給他。

對於一般人來說，一旦遇到跟自己切身利益相關的事情，不管是得還是失都會讓自己感到驚恐不安。這就是老子所說的「寵辱若驚」，那麼為什麼會出現這種患得患失的心情呢？老子也說得非常明白，那就是太看重自身的利益。就像後世的一位禪師說的那樣，他說人就像是被拴在椿上的牛一樣，被拴在椿上的牛雖然在不停地走動，但牠永遠都是在圍繞著木椿轉來轉去，那是因為拴著牠的那根繩子沒斷。人也一樣，人生在世百年一直都在患得患失的憂慮中度過，很少有真正開心的時候。那也是因為自己心中的那根利益的繩子沒斷。

如果能夠忘卻自身的利益，或者是把自身的利益看淡。在無形當中把拴著自己的那根繩子切斷，以珍愛自己身體的態度去對待天下蒼生，愛護天下的百姓就像愛護自己的身體一樣。那他就能夠不受個人利益的牽絆，超然於物外。這樣的一個人是非常了不起的，是可以以天下相託的。

【經典事例】

陶侃為國家鍛鍊身體

陶侃（西元259～334年），字士行，東晉廬江潯陽（現在江西九江）人。陶侃在東晉從縣吏一直做到荊、江二州刺史，並掌管其他六州軍事，成為當時最有實力的人物。但他並不看重自身的利益得失，而是一生以天下蒼生為念，即使是在最為落魄的時候也不忘記鍛鍊身體，有朝一日再為國家立功。

陶侃曾經在大將軍王敦帳下為官。那時候，陶侃立了戰功，做了荊州刺史。有人妒忌他，在王敦面前說他壞話。王敦把他調到廣州。那時候，廣州還是偏僻

的地區，調到廣州實際上是降了他的職。

陶侃到了廣州，並沒有灰心喪氣。他每天早晨把一百塊磚頭從書房裡搬到房外；到了晚上，又把磚頭一疊疊運到屋裡。人們看到他每天這樣做，感到很奇怪，忍不住問他為什麼這樣做。

陶侃嚴肅地說：「我雖然身在南方，但心裡想的是收復中原。如果閒散慣了，將來國家需要我的時候，還怎麼能擔當重任呢？所以，我每天藉此練練筋骨。」

王敦失敗以後，東晉王朝又把陶侃提升為征西大將軍兼荊州刺史。荊州的百姓聽到陶侃回來，都高興地互相慶賀。

陶侃不僅自己以國家大事為重，他還督促他手下的將官一定要以國家為重，萬不可貪圖享受而誤國誤民。

他部下有些官吏，喜歡喝酒、賭博，往往因此耽誤了公事。陶侃知道了非常生氣。他吩咐人把酒器和賭具都收起來，一股腦兒扔到江裡去；還把那些官吏鞭打了一頓。從此以後，大家都嚇得不敢再賭博、喝酒了。

像陶侃這樣的人是很少為官場的得和失而憂心忡忡的，因為他很少為自己的自身利益考慮。他所考慮的無非是天下蒼生的安危，考慮的是如何收復淪陷的國土。像他這樣的人用老子的話說就是「可託天下」的人。

第十四章 無物之象

視之不見，名曰夷①；聽之不聞，名曰希②；搏之不得，名曰
微③。此三者不可致詰④，故混而為一⑤。其上不皦⑥，其下不
昧⑦，繩繩⑧兮不可名，復歸於無物。是謂無狀之狀，無物之
象，是謂惚恍。迎之不見其首，隨之不見其後。執古之道，
以御今之有⑨。能知古始⑩，是謂道紀⑪。

【注釋】

①夷：無色。

②希：無聲。

③微：無形。

④詰：意為追問、究問。

⑤一：此章的一指「道」。

⑥皦：清晰、光明之意。

⑦昧：陰暗。

⑧繩繩：不清楚、連綿不絕。

⑨有：指具體物體。

⑩古始：指宇宙的原始，或「道」的初始。

⑪道紀：即「道」的規律。

【譯文】

看它看不見，叫做夷；聽它聽不到，叫做希；摸它摸不到，叫做微。這三者的形狀無從追究，所以說它們原本就是渾然一體的。它上面不顯得光亮，它下面也不顯得陰暗。它連綿不斷、無始無終卻又不可稱名。又總是回復到無形無像的狀態。這就是沒有形狀的形狀，沒有具體物體的形象，這就叫做惚恍。迎著它，看不見它的前頭，隨著它，也看不見它的後面。遵循著早已存在的道的規律，來駕馭今天存在的具體事物。能夠知道宇宙的初始，這就叫做道的規律。

【經典解讀】

在前面的幾章當中老子就一再提到過道的虛無，在這一章當中老子從聲、色、形體等幾個方面對道的虛無做了一個具體的描述。老子說道是虛無的，你看它的時候，看不到它的大小，聽它的時候，聽不到它的聲音，伸出手去摸一下又摸不到它的形體，想要描述它又叫不出它的名字，就像很久以前一則關於空氣的謎語說的那樣：「摸不著，看不到。沒有顏色沒味道。」

道是虛無的，是摸不著又看不到的，但是他又是存在著的。那麼怎麼體現這種存在呢？有辦法，老子說到這種虛無的道你迎著它看不到它的頭，跟著它看不到它的尾。它是沒有具體的形狀的。但是你可以在精神上靠近道、體念道、回歸道，道是一種內在的規律。掌握這種規律，便是瞭解具體事物的根本。這就是道的作用所在。

【經典事例】

諸葛亮草船借箭

諸葛亮是三國時傑出人物。字孔明，號臥龍。是三國時期蜀漢最為重要的謀士。為了蜀漢的興盛他鞠躬盡瘁死而後已，素為後人所讚揚。他的謀略那更是當世少有，一部《三國演義》更是將他寫的神乎其神。事實上諸葛亮並沒有未卜先知的能力。但是諸葛亮的聰明才智是無可厚非的。他根據事物發展的規律所做出的一系列的合理推斷，也以極高的準確率讓人目瞪口呆。

草船借箭的故事發生在西元三世紀，那時候中國正處在魏、蜀、吳三國鼎立的時期。有一次，魏國派出大軍，從水路攻打地處長江邊上的吳國。沒多久，魏軍就進發到離吳國不遠的地方，在水邊紮下營地，伺機攻打。

吳國兵馬都督周瑜也是個能征善戰的將才，在仔細分析了兩軍的態勢以後決定用弓箭來防守來犯之敵。可是這時候周瑜遇到了一個相當大的難題，那就是怎樣才能夠在最短的時間裡造出防禦敵軍所需要的十萬支箭。對付曹操的大軍十萬支箭那是最保守的估計，按照工匠所說的用十天的時間造箭那是絕對不可能的。現在對面曹操的大軍隨時都有可能發動進攻，給五天時間都嫌多。

無奈之下周瑜就向當時出使在吳國的諸葛亮求救，諸葛亮對周瑜說，三天時間就可以了。大家都認為諸葛亮是在說大話，但是諸葛亮卻寫下了軍令狀，如果到時無法完成任務，甘願被斬首。諸葛亮接受任務後，並不著急。他向吳國的大臣魯肅說，要造這麼多箭，用一般的辦法自然是不可能的。接著，諸葛亮讓魯肅為他準備二十艘小船，每艘船上要軍士三十人，船上全用青布為幔，並插滿草，諸葛亮並一再要求魯肅為他的計謀保密。魯肅為諸葛亮準備好船和其他必須的東

西，可是並不知道其中的奧秘。

　　諸葛亮說三天時間就能備好十萬支箭，可是第一天並不見他有什麼動靜，第二天還是這樣，第三天馬上就要到了，一支箭也沒有見到，大家都為諸葛亮捏一把冷汗，如果到時候沒有完成任務，諸葛亮就沒命了。 第三天半夜時分，諸葛亮悄悄地把魯肅請到一艘小船中，魯肅問：「你請我來做什麼？」諸葛亮說：「請你跟我一起去取箭」。魯肅大惑不解地問：「到哪裡去取？」諸葛亮笑笑說：「到時候你就知道了。」於是諸葛亮命令二十艘小船用長繩子連接在一起，向魏軍的營地進發。

　　當天夜裡，大霧漫天，水上的霧氣更是伸手不見五指。霧越大，諸葛亮越是命令船隊快速前進。等到船隊接近魏軍營地時，諸葛亮命令把船隊一字排開，然後 命令軍士在船上擂鼓吶喊。魯肅嚇壞了，對諸葛亮說：「我們只有二十艘小船， 三百餘士兵，萬一魏兵打來，我們必死無疑了。」諸葛亮卻笑著說：「我敢肯定魏兵不會在大霧中出兵的，我們只管在船上喝酒好了。」

　　再說魏軍營中，聽到擂鼓吶喊聲，主帥曹操連忙召集大將商議對策。最後決定，因為長江上濃霧重重，不知道敵人的具體情況，所以派水軍弓箭手亂箭射擊，以防敵軍登陸。於是魏軍派出約一萬名弓箭手趕到江邊，朝著有吶喊聲的地方猛烈射箭。一時間，箭像雨點一樣飛向諸葛亮的船隊，不一會兒，船身的草把上都佈滿了箭。這時候，諸葛亮命令船隊掉轉身，把沒有受箭的一側面向魏軍，很快上面也佈滿了箭。諸葛亮估計船上的箭已經差不多了，就命令船隊迅速返回，這時大霧也漸漸散去，等魏軍弄清楚發生的事情時，懊悔極了。

　　諸葛亮的船隊到達吳軍的營地時，吳國的主帥周瑜已經派五百名軍士等著搬

箭了，經過清點，船上的草把中足足有十萬支箭。周瑜也不得不佩服諸葛亮的智慧了。

諸葛亮怎麼會知道當天晚上水上會有大霧呢？原來，他善於觀察天氣變化，經過對天象的仔細推算，他得出當天晚上水面上會有大霧的結論。就是這樣，諸葛亮運用自己的智慧巧妙地從敵軍那裡弄來了十萬支箭。這就是老子所說的：「執古之道，以御今之有。」

閱讀筆記

第十五章　善為道者

【原文】

古之善為道者①，微妙玄通②，深不可識。夫唯不可識，故強為之容③；豫兮④若冬涉川；猶兮⑤若畏四鄰；儼兮⑥其若客；渙兮其若凌釋；敦兮其若樸；曠兮其若穀；混⑦兮其若濁；孰能濁以靜之徐清？孰能安⑧以靜之徐生？保此道者，不欲盈⑨。夫唯不盈，故能蔽而新成⑩。

【注釋】

①善為道者：指得道的人。

②玄通：通達、神通廣大。

③容：形容、描述。

④豫：原為野獸的名稱，性疑慮。豫兮，引申為遲疑、慎重的意思。

⑤猶：原為野獸的名稱，性警。此處用來形容警覺、戒備的樣子。

⑥儼兮：形容莊嚴、恭敬的樣子。

⑦混：混濁之意。

⑧安：靜態。

⑨不欲盈：不求自滿。盈：豐盈、滿。

⑩蔽而新成：去故更新的意思。

【譯文】

　　古時候得道之人，處事微妙而且極其神通廣大，達到了常人無法認清的境界。正是因為難以認清他，所以只能勉強來形容他；他行事慎重啊，就像冬天踩著冰過河。他警覺戒備啊，就像畏懼四方的進攻；他恭敬嚴肅啊，就像賓客一樣；他隨和可親啊，就像冰塊緩緩消融；他純樸厚道啊，就像未曾加工的原料；他曠遠豁達啊，就像空曠的山谷；他渾樸寬容啊，像不清的濁水。誰能使渾濁的流水安靜下來而慢慢澄清？誰能使安靜中變動起來而慢慢顯露生機？遵從這個道的人，不求自滿。正因為他不自滿，所以能夠去故更新。

【經典解讀】

　　在這一章裡面，老子沒有直接對道做什麼闡述，而是對得道之人做了一番描述。描寫了得道之人的特徵形態，並揭示了得道者得以長久存在的基本行為機理。從內在來說，他們掌握了事物發展的普遍規律，懂得運用普遍規律來處理現實存在的具體事物。從外在來看，得「道」之士的精神境界遠遠超出一般人所能理解的水準，他們具有謹慎、警惕、嚴肅、灑脫、隨和、純樸、曠達、渾厚等人格修養工夫，他們微而不顯、含而不露，高深莫測，為人處事，從不自滿高傲。

　　他們所具有的這些品德，實際上也是幾千年來士大夫階層所效仿的楷模。是他們所追求的最為理想的、最完美的人格品德。在今天看來，這些品德也還是衡量一個人的性格是否成熟的重要標準。當然這是一種理想狀態的人格標準，現實當中只要具備了幾種便是一位值得大家稱道的「完」人了。

【經典事例】

劉大夏拒受特權

劉大夏，明華容縣人。字時雍，號東山。明英宗正統元年（西元1436年）生。天順三年（西元1459年），中湖廣鄉試解元。七年中進士，選為翰林院庶起士，憲宗成化元年（西元1465年）授兵部職方司主事，後升兵部車駕司郎中，改職方司郎中。孝宗宏治二年（西元1489年），升任廣東右布政使。當時廣西田州泗城士官岑猛造反。劉大夏親往諭導，指明禍福，岑猛即投誠，事得平息。平廣東後山「寇」亂時，他只斬首要，從不濫殺無辜。

有一次明孝宗朱枯樘在文化殿理政，召見當時任兵部尚書劉大夏，告訴他：「有些不好處理的事情，每每想召你來商量，又因為那不是你管轄的事情而作罷。今後凡有你認為該做或不該做的事，都可以用揭貼秘密送來。」劉大夏回稟皇上：「臣不敢。」皇上問：「為什麼呢？」劉大夏說：「憲宗時的李孜省就是鑑戒。」皇上說：「你議論的是國家大事，而李孜省搞的是營私舞弊，以淫邪方術危害朝廷，二者怎麼能相提並論？」劉大夏說：「下臣用揭貼向皇上進言，朝廷按揭貼所說的辦事，就容易出現前代賣官職、貪污腐化、宦官專權之類的事。陛下所實行的，應當遠效法古代帝，近政法祖宗國家大事的是非，與大家一起共同裁決。外面的事交給兵部和各府去辦理，朝廷中的事向內閣大臣諮詢，這樣就可以了。如果採用揭貼密進的方式，時間一長，大家將它視為常規，萬一奸倖之人竊居要職，按這樣的方式辦事，其害處不可勝數，這實在不可以為後世效法。臣不敢效順皇上，執行您的意旨。」皇上聽了，久久地稱道：「好啊！好啊！」

照理說皇帝給的特權應該是一件好事，但是這種好事稍有不慎就會變成讓人

身敗名裂的凶器。這也不符合老子所說的士大夫所應該具備的謹慎、警惕的品行。為人臣子的劉大夏可以算得上是比較清醒的。後來的事實證明他的選擇是對的，因為後來他為官清正得罪了當時重權在握的大太監劉瑾。劉瑾想盡一切辦法要置他於死地，可是就是找不到什麼證據也拿他無可奈何，只能撤了他的官，後來劉瑾被斬首以後他又官復原職了。假如當時他接受了皇帝給的特權，向皇帝秘密進諫的話，說不定早讓一手遮天的劉瑾以此為藉口取了他的性命了，那也就不會有後來的官復原職了。

閱讀筆記

第十六章　沒身不殆

【原文】

致虛極，守靜篤①；萬物並作②，吾以觀其復③。夫物芸芸④，各復歸其根。歸根曰靜，靜曰⑤復命⑥。復命曰常⑦，知常曰明⑧。不知常，妄作凶。知常容⑨，容乃公，公乃全，全乃天⑩，天乃道，道乃久，沒身不殆。

【注釋】

①虛，靜：虛和靜都是形容人心靈的空明寧靜的狀態。極、篤：意為極度、終點。

②作：生長、發展。

③復：指反覆、循環往復。

④芸芸：茂盛、紛雜、繁多的樣子。

⑤靜曰：一本做「是謂」。

⑥復命：復歸本性。

⑦常：指萬物運動變化的永恆規律。

⑧明：明達、瞭解。

⑨容：包容、寬容。

⑩天：指自然界的天。

【譯文】

達到虛寂的極端境界，堅守清靜不變達到高層境界。在萬物的生長發展過程中，我觀察萬物的循環往復的變化規律。那萬物紛紛芸芸，都最終各自返回它的本根。返回它的本根叫做靜，靜叫做復歸於本性。復歸於本性就叫自然，認識了自然規律就叫做明智。不明白自然規律，輕舉妄動就會出亂子和災凶。認識自然規律的人才能夠包容一切，包容一切才能大公無私，大公無私才能無不周遍，無不周遍才能遵循天理法則，遵循天理法則才能符合自然的「道」，符合自然的道才能長久，終身沒有危險。

【經典解讀】

在前面的幾章裡面老子一再闡述道的虛無，但這種虛無的存在是有著非常重要的意義的，它是世間萬事萬物的根本。而在這一章裡老子則進一步強調致虛守靜的工夫，老子認為這是靠近道、體念道的必要措施。它們都有助於人們向天與道的靠近，有助於人們達成生存的恆常與壯大。

老子說世間的萬事萬物看似紛繁蕪雜，但是他們都是有跡可循的，那就是隱藏在事物表象後面的事物運行的規律。這隱藏在表象後面的規律就是老子一再強調的道。老子說能夠體念到這種規律的人才算得上是明智的，相反，要是不明白事物發展的規律而魯莽行事那無疑是自取其禍。想要做到事半功倍唯一可行的辦法就是領悟事物發展變化的規律，靜心體念道的奧妙，修身養性是這樣，治理天下同樣也是這樣，捨此之外再也沒有別的辦法。

【經典事例】

周勃奪軍安天下

周勃是我國秦末漢初的名將。秦二世元年（西元前209年），跟隨劉邦起兵，三年後，被賜威武侯，繼升將軍。在隨劉邦由漢中進取關中時，參與攻打趙賁，擊敗章平，圍困章邯，屢建戰功。高祖劉邦在病危的時候就一再叮囑呂后：「周勃忠厚少文，然安劉氏者必勃也。」後來的事實證明高祖的判斷是正確的，呂后死後，周勃與陳平等智奪呂氏兵權，誅呂氏諸王，擁立文帝，運用自己的忠勇和機智保住了劉家的天下。

漢高祖劉邦去世以後，他的長子劉盈繼位，就是漢惠帝。可是漢惠帝活得並不長久，他到病死的時候才24歲，在位的時間也只有短短的七年。由於漢惠帝死的時候還非常的年輕，還沒來得及留下一個傳宗接代的人。於是呂太后從外面找了一個嬰兒冒充是惠帝生的，並把他立為太子。西元前188年，惠帝一死，就由這個嬰兒接替皇位，呂太后就名正言順地臨朝執政。

呂太后為了鞏固自己的權力，要立呂家的人為王，問問大臣們可不可以。

右丞相王陵是直腸子，說：「高皇帝宰白馬立下盟約，不是姓劉的不應該封王。」

呂太后聽了挺不高興，又問左丞相陳平和太尉周勃。

陳平、周勃說：「高祖平定天下，分封自己的子弟為王，這當然是對的；現在太后臨朝，封自己的子弟為王，也沒有什麼不可以。」

呂太后才高興地點點頭。

散朝以後，王陵批評陳平和周勃說：「當初在先帝面前宣誓的時候，你們不是都在場嗎？現在你們違背了誓言，怎麼對得起先帝？」

陳平和周勃說：「您別著急。當面在朝廷上和太后爭論，我們比不上您；將來保全劉家天下，您可比不上我們了。」

從此以後，呂太后就陸續把她的內侄、侄孫，像呂台、呂產、呂祿、呂嘉、呂通等一個個都封了王，還讓他們掌握了軍權。整個朝廷大權幾乎全落在呂家的手裡了。

呂后一家奪了劉家的權，大臣中不服氣的人不少，只是大多數人敢怒而不敢言罷了。

呂太后臨朝的第八年，得了重病。臨死前封趙王呂產為相國，統領北軍；呂祿為上將軍，率領南軍，並且叮囑他們說：「現在呂氏掌權，大臣們都不服。我死了以後，你們一定要帶領軍隊保衛宮廷，不要出去送殯，免得被人暗算。」

呂太后死後，兵權都在呂產、呂祿手裡。他們想發動叛亂，但是一時不敢動手。

劉章從妻子那裡知道了呂家的陰謀，就派人去告訴他哥哥齊王劉襄，約他從外面發兵打進長安來。

齊王劉襄向西進兵，呂產得到這個消息，立刻派將軍灌嬰帶領兵馬去對付。灌嬰一到滎陽，就跟部將們商量說：「呂氏統率大軍，想奪取劉家天下。如果我們向齊王進攻，豈不是幫助呂氏叛亂嗎？」

　　大家商量好，決定按兵不動，還暗地裡通知齊王，要他聯絡諸侯，等待時機成熟，一起起兵討伐呂氏。齊王接到通知，也就暫時按兵不動。

　　周勃、陳平知道呂氏要發動叛亂，他們想先發制人，但是兵權在呂氏手裡，怎麼辦呢？

　　他們想到大臣酈商的兒子酈寄和呂祿是好朋友，就派人要酈寄去勸說呂祿：「太后死了，皇帝年紀又小，您身為趙王，卻留在長安帶兵，大臣、諸侯都懷疑您，對您不利。如果您能把兵權交給太尉，回到自己封地，齊國的兵就會撤退，大臣們也心安了。」

　　呂祿相信了酈寄的話，把北軍交給太尉周勃掌管。

　　周勃拿到將軍的大印，迅速跑到北軍軍營中，向將士下了一道命令：「現在呂氏想奪劉氏的權，你們看怎麼辦？誰說明呂家的袒露右臂，說明劉家的袒露左臂。」

　　北軍中的將士本來都是向著劉家的。命令一傳下去，一下子全脫下左衣袖，露出左臂來。周勃順利地接管了北軍，把呂祿的兵權奪了過來。

　　呂產還不知道呂祿的北軍已落在周勃手裡，他跑到未央宮想要發動叛亂。周勃派朱虛侯劉章帶了一千多個兵士趕來，把呂產殺了。接著，周勃帶領北軍，把呂氏的勢力消滅了。

　　用老子的話來說，這個就是很能夠體念事態發展的規律，並能夠根據這個規律做出合理判斷的人，可以算得上是一個明智的人。當手握兵權的呂太后當堂詢問是否可以封異姓為王的時候，周勃並沒有提出反對的意見。這並不是說周勃害

怕了，而是他覺得現在還不是反對的時候。等到呂后病逝以後周勃就把握住這個絕好的機會，運用自己的忠勇和智慧和大家一起徹底剷除了呂氏的專權，恢復了劉姓的天下。他當初不表示反對是因為時機不成熟，等到機會出現的時候他一點都不猶豫。難怪漢高祖臨死的時候會說周勃就是將來恢復劉氏天下的那個人。

閱讀筆記

第十七章 功成事遂

【原文】

太上①，不知有之；其次，親而譽之；其次，畏之；其次，侮②之。信不足焉，有不信焉。悠兮③，其貴言④。功成事遂⑤，百姓皆謂「我自然」。

【注釋】

①太上：至上、至高無上，這裡指最好的統治者。

②侮：侮慢、輕蔑。

③悠兮：悠閒自在的樣子。

④貴言：指很少發號施令。

⑤遂：成功。

【譯文】

最好的統治者，人們好像察覺不到他的存在。次一等的統治者，人們親近他、讚譽他。再次等的統治者，人們害怕他。更次等的統治者，人們輕侮他。統治者的威信不足，民眾自然不信任他。好的統治者悠悠然，而很少發號施令。一切事情都辦成功了，百姓們卻說：「我們本來就是這樣的。」

　　這一章老子主要講述統治者治理國家的問題，老子把統治者分為四個等級，即太上、其次、其次、其次，分別講了不同的治理國家的方法。

　　「其次親而譽之」，這種統治者的特點是給予人民恩惠，民眾愛戴他、稱道他，他施惠於民，但不高高在上，不讓人民感覺到他的特殊性。再次的統治者，使人們畏懼害怕他。這種統治者聲色俱厲，經常擺出盛氣凌人、不可一世的神態，讓百姓見了就害怕。最壞的統治者「其次侮之」，遭人們侮慢輕蔑。這種統治者不把老百姓放在眼裡，專橫跋扈。

　　老子主張「德治」政策。他認為最高明的統治者，莫過於統治者「貴言」，從不輕易發號施令，統治者不費任何精力國家就得到了治理，百姓得到了安寧，生活得到了滿足，覺得這一切都是自然而然的，以致於人民好像根本察覺不到統治者的存在。

【經典事例】

大槐樹之約

　　老子告訴人們：「信不足焉，有不信焉。」雖說是講統治者的威信不足，人們就不信任他。但運用到我們生活當中，你對別人不講誠信的話，別人就不會信任你。一旦你得不到其他人的信任。那麼，你在生活當中做人做事都是很失敗的。

　　漢朝年間，有一個叫陳實的人。曾任太丘長。因為他為人正直，為官清廉，

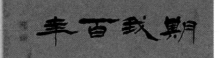

深受百姓的愛戴和好評。後來陳實雖辭官回家，但當地遠近的官員、鄉鄰村民們卻都願意尊稱其為「陳太丘」。

有一天，陳太丘在街市上，恰好碰到曾與他一起任職的朋友，兩人也是多年未曾謀面，故人相見，格外親熱。寒暄一陣後，陳太丘邀請友人到自家去好好敘舊一番，友人家就在鄰鎮，陳太丘的再三邀請，盛情難卻，兩人便一邊走一邊聊，很快就來到了陳太丘的家。

一進屋陳太丘便去叫來夫人、孩子，熱情地給他們介紹了一番。孩子們鞠躬施禮後，便到庭院玩去了；夫人與那友人客套幾句後，就忙著去準備酒菜了。友人見陳太丘一家禮儀分明，熱情待客十分高興。

兩人聊起來十分投合，陳太丘聊著聊著便說到他平時喜歡收藏字畫。於是把友人帶進了書房，欣賞了幾幅名人字畫，各自讚嘆和發表評論後，又雙雙坐在茶几旁聊起天來，就在談笑間，夫人進屋，告訴他們，飯菜已備齊了。

兩位友人相擁而出，來到廳堂，只見桌上已經擺好了八道香噴噴的熱菜。於是陳太丘取出了一罐陳年老酒，裝滿了兩個酒盅，端杯而盡，酒逢知己，越飲越歡。喝了數巡之後，友人說：「我不能再喝了，差點忘了，明天我還得去郡府會

一好友，還得早點回去準備行裝呢！」陳太丘聽完呵呵一笑：「這麼巧，明天我剛好與你順路，也得去郡府辦點事。」

於是兩位友人約定，次日午時在陳太丘家門前的大槐樹下相聚一塊上路，並且兩人為了表達各自的忠誠，還在那棵槐樹前立了個高高的樹幹。之後，兩人才揖手辭別。

到了次日，陳太丘提前來到了樹幹前，可是等了好長一段時間，不見友人來。陳太丘猜想著友人是另有他事而不能同行，或者是他已經提前出發了，於是就先上路了。

然而，就在陳太丘剛走之後，他的朋友終於到了，他左看右看不見陳太丘的影子，當時就很生氣，非要到他家去問個明白。到陳太丘的家門口，正好看見他的長子陳紀在家門口玩耍。當時，陳太丘的長子雖剛年滿7歲，但卻是個既懂事又聰明的孩子。於是陳太丘的友人便指桑罵槐地說道：「真不是人哪！跟人約好一塊兒出門的，卻又不等人。」

陳紀聽他父親的友人數落完後，便說：「您與我父親約定在午時，午時不來，則表示你不講信用；對孩子罵他的父親，則表示你沒有禮貌。」

就憑小陳紀的這句話，剛才還大叫的知了已經戛然而止了。那友人隨即羞愧萬分，恨不得找個地洞鑽進去，並想下車解釋。但抬眼看去，小陳紀頭也不回已進屋去了。

第十八章 忠義之道

【原文】

　　大道①廢，有仁義；智慧②出，有大偽；六親③不和，有孝慈；國家昏亂，有忠臣。

【注釋】

　　①大道：指社會制度和秩序。

　　②智慧：聰明、智巧。

　　③六親：現在的「六親」泛指親屬。《老子》以父子、兄弟、夫婦為六親。《左傳》說：父子、兄弟、姑姐（父親的姐妹）、甥舅、婚媾（妻的家屬）及姻亞。《漢書》以父、母、兄、弟、妻、子為六親。

【譯文】

　　大道廢棄了，才會提倡仁義；聰明智巧的現象出現了，才會產生偽詐、虛偽；父子、兄弟、夫婦之間不和睦了，才會提倡孝與慈；國家陷於混亂，才會出現忠臣。

【經典解讀】

　　在此章老子把辨證法思想應用於社會，老子揭示了它們之間的對立統一關係，表達了相當豐富的辨證思想。他指出：大道與仁義、智慧、孝慈、忠臣之間

的關係。大道行，仁義、智慧、孝慈、忠臣都顯現不出來；大道廢棄了，才見出仁義、智慧、孝慈、忠臣。

這是說，社會對某種德行的提倡和表彰，正是由於社會特別欠缺這種德行的緣故。運用於今天的法制社會，正是由於社會上的某種行為，影響了人們的生活或人們的某種利益受到損害，國家才會制訂相對的法律條文來制止它，以保證人們的生活不受到危害。

【經典事例】

張世傑死守厓山

張世傑是宋朝的一員大將。他與陸秀夫、文天祥並稱「宋亡三傑」。德祐二年（西元1276年），臨安淪陷時，5歲的小皇帝宋恭帝被俘，他與陸秀夫帶著宋朝二王（益王趙昰、衛王趙昺）出逃。後來剛滿7歲的趙昰即位為皇帝，是為宋端宗，年號「景炎」。端宗即位後對張世傑甚是重用。張世傑也沒有辜負端宗皇帝的希望，多次指揮宋軍抵禦元朝軍隊的猛攻，景炎三年（西元1278年）10歲的端宗溺水而死，他的弟弟衛王趙昺登基做皇帝，改元「祥興」。趙昺下詔讓張世傑做太傅（皇帝的老師）。張世傑奉命死守帝都厓山，還利用打仗空餘的機會教趙昺識字。祥興二年（西元1279年），元軍大舉進攻趙昺小朝廷，張世傑率軍抵抗，大敗。眼看國家就要滅亡，他準備接回趙昺組織突圍。不料丞相陸秀夫早已背負8歲的幼帝趙昺跳海而死。不久他也落水而死。雖然他們幾個的忠心可感動天地鬼神，可是終究未能挽回風雨飄搖中的南宋小朝廷。但是英雄的忠肝義膽和他們為國盡忠的精神卻流傳了下來，張世傑死守厓山的故事也和這種精神一起感動著一代又一代的人。

　　當南宋的小皇帝趙顯被俘虜到大都去後，後來擁立的趙昰又不幸病死之後。百般無奈之下，張世傑和陸秀夫在海上又擁立趙昺即位，把水軍轉移到厓山。

　　只是元朝的大軍緊跟著就來到了厓山附近並先俘虜了駐守在潮州的文天祥。在元軍的大營裡，元軍的元帥張弘范假意殷勤，給文天祥鬆了綁，把他留在營裡。元軍到了厓山，張弘范先派人向張世傑勸降。張世傑說：「我知道投降元朝，不但可以活命，而且可以得到富貴。但是，我寧可丟腦袋，絕不變節。」

　　張弘范知道張世傑平日很敬佩文天祥，就要文天祥寫信給張世傑招降。文天祥冷笑說：「我自己不能救父母，難道會勸別人背叛父母嗎？」

　　張弘范叫人拿來筆墨，硬逼他寫信。文天祥接過筆，毫不猶豫地寫下兩句詩：

　　人生自古誰無死，留取丹心照汗青！

　　兵士把他寫的詩句拿給張弘范，張弘范看了只好苦笑。他眼看勸降毫無希望，就只有拼命攻打。

　　厓山在我國南面海灣裡，背山面海，地勢險要。張世傑在海上把一千多艘戰船排成一字陣，用繩索連接起來，船的四周還築起城樓，決心跟元兵決一死戰。元軍用小船裝滿了茅草，澆足了油，點著了火，趁著風勢向宋軍發動火攻。張世傑早防到這一招，在船上塗上厚厚的一層濕泥，還綁了一根根長木頭，頂住元軍的火船。

　　張弘范的火攻失敗了，就用船隊封鎖海口，斷絕了張世傑通往陸地的交通。宋兵在海上餓了吃乾糧，渴了喝海水，海水又鹹又苦，兵士們喝了紛紛嘔吐。張

弘范發動元兵猛攻，宋兵誓死抵抗，雙方僵持不下。

　　這時候，元軍副統帥李恒也從廣州到厓山跟張弘范會師。張弘范增加了實力，重新組織力量進攻。他把元軍分為四路，圍攻宋軍。潮落的時候，元軍從北面突擊；潮漲的時候，元軍又順著潮水從南面進攻。

　　宋軍兩面受敵，正在拼命招架，忽然聽到張弘范的坐船奏起音樂來。宋軍聽了，以為元將正在舉行宴會，稍微鬆懈一下。哪想到這個樂聲恰恰是元軍總攻的訊號。樂聲一起，張弘范的坐船發動進攻，箭如雨般射向宋船。元兵在亂箭掩護下，奪走了宋軍七艘戰船。各路元軍一起猛攻，從晌午到傍晚，厓山的海上，浪潮洶湧，殺聲震天。

　　張世傑正在指揮戰鬥，忽然看見一條宋船降下了旗，停止抵抗，其他戰船也陸續降了旗，張世傑知道大勢已去，急忙一面把精兵集中在中軍，一面派人駕駛小船，準備把趙昺接過來，組織突圍。

　　趙昺的坐船，由陸秀夫守著。他對張世傑派去接趙昺的小船，搞不清楚是真是假，怕小皇帝落在元軍手中，就拒絕了使者的要求。他回過頭對趙昺說：「國家到了這步田地，陛下也只好以身殉國了。」說著，就背著趙昺一起跳進了大海，在滾滾波濤裡淹沒了。

　　張世傑沒有接到趙昺，只好指揮戰船，趁著夜色朦朧，突圍撤退到海陵山。他點了一下戰船，一千艘戰船只剩下十幾艘。這時候，海岸又颳起了颱風，有人勸張世傑登岸避風。張世傑堅持不肯上岸。一陣巨浪襲來，把他的船打沉了。這位誓死抵抗的宋將終於落水犧牲。

就像是老子說的那樣,每一位為國盡忠的忠臣的出現,都伴隨著混亂的時局和動盪的政權。隨著忠臣的逝去,往往也有一個曾經有過極度輝煌的王朝緊跟著淡出了歷史的舞臺。動盪的社會和搖搖欲墜的政權需要一個忠臣,一座將傾的大廈在轟然倒塌的那一刻也還需要那麼一根仍在堅持的柱子。雖然忠臣的出現不可能挽回一個朝代走向滅亡的命運,但陪著沒落的政權走完最後一程的那些人,他們的精神卻永遠值得後人們學習。

閱讀筆記

第十九章　絕學無憂

【原文】

絕聖^①棄智，民利百倍；絕仁棄義，民復孝慈；絕巧棄利，盜賊無有。此三者^②以為文^③不足，故令有所屬^④；見素抱樸^⑤，少私寡欲；絕學無憂。

【注釋】

①聖：此處聖是自作聰明之意。

②此三者：指智慧、仁義、巧利。

③文：行文、法則。

④屬：歸屬、適從。

⑤素： 是沒有染色的絲。樸：是未經雕琢的木。素、樸是同義字。

【譯文】

拋棄智慧和智巧，民眾可以獲得百倍的好處；拋棄仁義和道義，民眾才能回復孝慈的天性；拋棄巧詐和私利，盜賊也就沒有了。以智慧、仁義、巧利這三者作為戒律是不夠的，所以要使民眾的思想有所歸屬，保持純真樸實的本性，減少私心雜欲，拋棄仁義聖智的學問，就沒有憂患了。

【經典解讀】

　　拋棄了智慧和智巧，民眾可以獲利百倍；拋棄仁義和道義，民眾才能回復孝慈的天性。這看起來好像是跟老子一向提倡的道的某些理論不相吻合，甚至有點背道而馳的感覺。那麼老子是不是真的要杜絕智慧、拋棄仁義呢？答案當然是否定的，那麼老子為什麼要這麼說呢？原來老子在這裡所指的「智慧」是在私利心態驅使下有意而為之的智慧，是為了顯示智慧而故意做給人看的假象。同樣他所說的仁義道德也並不是原本意義上的仁義，而是指為了得到某些好處而做給人看的假仁假義。

　　這樣的智慧、仁義和孝慈已經不再是原來意義上出自內心純樸的東西。這樣的東西已經成了私利的代名詞，所以老子說只有徹底杜絕和拋棄這些外在的東西，找回已經迷失在物欲當中的本真，我們的民眾才能獲利百倍，才能找回純真樸實的天性。那麼怎麼才能去除這些表面上虛華的東西呢？光是要求民眾杜絕和拋棄這些東西是遠遠不夠的，那只能是治標。而只有盡量減少自己的私心雜欲才是從根本上杜絕這些的治本之舉。

【經典事例】

傻子的故事

　　在一個小鎮上有一個十來歲的小男孩，人們都說他有點傻，原因是他竟然分不出一塊錢和五毛錢哪個面值大。這件事情原來只是他的鄰居隨口說說的沒幾個人相信，但是後來經過鎮上閒人們無數次的驗證，人們不得不承認這個小男孩確實是傻傻的。把五毛和一塊的硬幣或是紙幣放在他面前讓他選，他永遠都會選五

毛的，好像在他的世界裡五毛錢確實要比一塊錢的價值更大一些。

小男孩出生在一個貧苦的農民家庭裡，長得一臉憨相。他三歲那年，父親撇下他們娘倆撒手人寰。從此，母親與他相依為命，日子過得越發拮据。

這一日，母親把他叫到身邊，悲戚戚地說道：「孩子，都怨你的命不好投錯了胎，如今，你爹沒了，我們孤兒寡母的實在無法生活下去。為了不讓你白轉一世，我把你送給一戶好過的人家，活命去吧！」他聽了母親的話，立刻眼含熱淚說道：「娘，您說到哪裡去了，我只要和您一塊兒生活，絕不到別人家去。凡事有我呢！今後的生活，我自有辦法。」

過了些日子，男孩隨母親去一熟人家串門，因他長得一副憨相，所以那家的主人便想逗逗他，拿出一些五角錢與一元錢的硬幣，放在他的面前說道：「小子，這是兩種硬幣，你挑吧，挑了的就歸你。」他聽了之後，憨笑了一下，馬上把五角的都挑了出來，抓到了手中，圍觀的人都大笑不已。從此，他挑小錢剩大錢的「事蹟」不脛而走，人們對他的這種做法甚感好奇，於是，無論他走到哪裡，總會有好奇的人拿出面值不同的硬幣來讓他挑，而他也每次總是挑五角錢的硬幣。挑的次數多了，一天就能積攢好幾元錢。這些年，他靠著挑來的硬幣，總算和母親熬了過來。

後來男孩長大了，開始自己做生意。人們發現這個傻小子好像突然之間變得聰明了許多，同樣的生意別人做著就虧本，而男孩卻總能收回大把大把的盈利。幾年之間男孩成了小鎮上最富有的人家之一，那時候已經沒有人再叫他傻子了。但是他的一位朋友卻始終想不明白這其中的原委就問小男孩：「你小的時候連五毛錢和一塊錢都分不清哪個多哪個少，現在怎麼突然間變得這麼聰明了呢？」男

孩微微笑了一下告訴他的朋友：「那時候我們家裡窮，孤兒寡母的又沒有經濟來源。我用他們逗我的時候挑來的很多個五毛錢維持我們的生計。但是要是我選一塊錢的話，他們就永遠都不會再跟我玩這個遊戲了。」

他的朋友這才恍然大悟，原來在大家眼裡的一個傻子竟是這樣一個聰明的人。那麼當年那些拿五毛錢和一塊錢來取笑他的聰明人在他眼裡不知道是不是真的很聰明。

透過這個事例，相信大家更明白老子所說的「絕聖棄智，民利百倍」這句話的道理了吧！

在我們現實生活當中也是一樣的，有時候需要你暫時拋棄智慧，或許就可以得到更多。

閱讀筆記

【原文】

唯之與阿①，相去幾何？美之與惡，相去若何？人之所畏，不可不畏。荒兮②，其未央③哉！眾人熙熙④，如享太牢⑤，如春登臺。我獨泊兮，其未兆，沌沌兮，如嬰兒之未孩⑥；傈傈兮⑦，若無所歸。眾人皆有餘，而我獨若遺⑧。我愚人之心也哉！眾人昭昭⑨，我獨昏昏。眾人察察⑩，我獨悶悶⑪。澹兮，若海；飂兮⑫，若無止。眾人皆有以，而我獨頑且鄙⑬。我獨異於人，而貴食母⑭。

【注釋】

①唯之與阿：唯，恭敬地答應。阿，怠慢地答應。唯的聲音低，阿的聲音高，這是區別尊貴與卑賤的用語。

②荒兮：廣漠悠遠的樣子。

③央：盡頭、完。

④熙熙：用以形容興高采烈的樣子。

⑤太牢：古代人祭祖把牛、羊、豬三牲俱全稱為太牢。

⑥孩：同「咳」，形容小孩的笑聲。

⑦傈傈兮（ㄌㄟˋ）：疲倦懶散的樣子。

⑧遺：不足的意思。

⑨昭昭：智巧光耀的樣子。

⑩察察：嚴厲苛察的樣子。

⑪悶悶：純真樸實的樣子。

⑫飂兮：急風。

⑬頑且鄙：形容愚鈍、笨拙。

⑭貴食母：食即食用。母用來比喻生育天地萬物之母的道。此意為以守道為貴。

【譯文】

唯諾和呵斥，相差有多遠？美好和醜惡，又相差多少？人們所害怕的，不能不畏懼啊！這其中的道理，茫茫然啊，好像沒有盡頭。眾人都興高采烈的樣子，好像要去參加豐富的宴會，又像是春天登高觀賞美景。唯獨我淡泊寧靜，並沒有尋歡作樂的念頭，混混沌沌啊，就像嬰兒還不知嘻笑的時候；疲憊沮喪啊，像是無家可歸的人。眾人都有所剩餘，而我卻像什麼也不足。我有一個愚人的心腸啊！眾人都光耀自炫，唯獨我昏暗無光啊；眾人都那麼嚴厲苛刻，唯獨我這樣純真樸實。幽遠啊，像大海無止境；恍惚啊，像飄泊無處停留。眾人都有所作為，唯獨我愚鈍而笨拙。我唯獨與別人相異，是貴養根本。

【經典解讀】

在這一章裡面我們可以看到兩種截然不同的人的截然不同的精神狀態和生活狀態。一種人光澤鮮麗，生活富足。而另外一種人則顯得非常的昏暗、混沌，好像什麼都沒有，什麼都得不到滿足。看起來前一種人好像比後一種人要好一些。但是事實上並不是這樣，在這裡老子運用的是正話反說。他所說的前一種人看起來光澤鮮麗，生活富足，其實是在說那些只知道追求物質上的享受的，過著糜爛

生活的所謂的上層社會的人，其實是老子看來非常庸俗的一種人，老子打心眼裡是看不起這些人的。

那麼後一種人所說的當然就是老子自己，或者說是他理想當中的以淡泊寧靜的心態去堅守道，並以此為樂的求道者。毫無疑問老子是贊成後一種人的，但是他卻正話反說把這些人說得好像不如前一種人。然而在內心裡淡泊寧靜才是老子所嚮往的，他是不屑於跟前一種人為伍的。這在最後一句當中才明白無誤地點明。

【經典事例】

安貧樂道康樂公

現實生活就如老子說的那樣，他所提出的理想中的能夠以淡泊名利的心態去堅守道義的人真的是少之又少。絕大多數的人都難以拋開名利二字的誘惑，甚至在名利面前迷失了自我。正是因為這樣，歷史上那幾位安貧樂道之人才被後人們所記住，他們視名利如過眼雲煙的精神在後人的傳頌中永遠存活。春秋時期齊國的高士黔婁先生就是這樣一位廣為人傳頌的淡泊名利之人。

黔婁先生是春秋時期的齊國人，黔婁也是一位大有學問的人，他曾著書四篇，闡明道家的主旨。但是他的修身清節，不求進於諸侯更是為人們廣為稱讚。由於他當時的名望很高，魯國的魯恭聽到他的名氣，就派遣使者帶著禮物去拜訪他，送給他三千鍾的糧食，想要請他到魯國去做相國，但是被他拒絕了。後來齊王也派來使者，送他百兩黃金想讓他到齊國做官，同樣也是被他拒絕了。儘管他家徒四壁，然而卻勵志苦節，安貧樂道，他的視榮華富貴如過眼雲煙、不參予那

種爭名逐利的品格，使得他獲得了更高的評價。後來齊王曾經親自拜訪過他，對他非常的恭敬。

直到他死的時候他的家裡仍然很貧困，他去世以後他的老師曾子帶著弟子們前去弔唁。看見黔婁的妻子衣衫襤褸，面容憔悴，但舉止文雅，彬彬有禮。她把客人一一請進靈堂，守候在黔婁靈前。黔婁的屍體停放在門板上，枕著一塊土坯，蓋著一個破麻布被子，被子太小使得他上面露著頭下面露著腳。曾子說：「斜著蓋，就可以把他的整個屍體蓋緊了。」黔婁的妻子說：「斜著蓋雖然蓋緊屍體還有餘，倒不如正正當當蓋不緊好。他活著時，為人正而不斜，死了把麻布蓋斜了，如果他泉下有知也不會同意的。」曾子哭著說：「黔婁已經死了，應該封他個什麼諡號呢？」黔婁的妻子不假思索地說：「那就以『康樂』為諡號吧！」曾子感到奇怪，問道：「他在活著的時候連一頓飽飯都吃不上，穿的衣服也不足以保暖，甚至死了以後連個能蓋住全身的被子也沒有，也無法用酒肉祭祀，怎麼能稱為『康樂』呢？」

黔婁的妻子慷慨陳詞：「他活著的時候，雖吃不飽飯，並不是沒東西可吃，魯國國君曾經恩賜糧食三千鍾給他想讓他做官，把相國的重要職位交給他，他以種種理由推辭掉了，這應該說他是有餘貴的；他穿的衣服不足以保暖也並不是因為他沒衣服穿，齊國的國君曾經以千金來請他做官也被他婉言謝絕了，這應該說他是有餘富的。他一貫吃粗飯，喝淡茶，但是心甘情願；他的職位雖然低下，卻安心滿足。他從不為自己的貧窮和職位低下而感到悲觀、傷心，也從不為富有和尊貴而感到滿足和高興。他想求仁就得到了仁，想求義得到了義。因此，我認為他的諡號應該為『康樂』。」

黔婁就是這樣一個淡泊名利的人，他的妻子同樣也是。這種人生觀，連他的老師也不得不發出由衷的讚嘆。

第二十一章　道之為物

【原文】

　　孔[1]德之容，唯道是從。道之為物，唯恍唯惚[2]。惚兮恍兮，其中有象[3]；恍兮惚兮，其中有物；窈兮冥兮[4]，其中有精[5]，其精甚真，其中有信，自今及古，其名不去，以閱眾甫[6]。吾何以知眾甫之狀哉？以此。

【注釋】

　　①孔：甚、大。

　　②恍惚：不清楚、飄忽不定的樣子。

　　③象：形象、顯象。

　　④窈兮冥兮：窈，深遠，微不可見。冥，暗昧，深不可測。

　　⑤精：指極細微的物質性的實體。微小中之最微小。

　　⑥眾甫：指萬物。甫與父通，可引伸為始。

【譯文】

　　大德的形態，唯一服從的是大道。道這個東西，它是飄忽不定的。惚兮恍兮，其中有形象啊！恍啊惚啊，其中卻有實物。深遠啊暗昧啊，其中卻有精質。這精質是真實的，其中有信驗可憑。從今天上溯到古代，它的名字從不消失，依據它，才能觀察萬物的初始。我怎麼知道萬物的演變過程呢？是從道認識的。

【經典解讀】

在這一章裡老子第一次提到了德，他說德是遵循著道的規律的。然而道又是虛無的、飄忽不定的。但是在它的這種虛無恍惚之中，卻又不是一無所有。相反，在這恍惚中存在著的就是道的精質，這中間有不可違背的規律。

老子所提出的德就是要遵循這樣的道，遵循道的規律才能算是德。可以這樣說，道本身是虛無的，是飄忽不定的。但是德卻是既定的、有具象的。德就是老子所說的道在生活中的體現，而道則是德所遵從的依據。道和德是相輔相成的關係。

【經典事例】

諸葛亮以德服人

諸葛亮是三國時期蜀國傑出的政治家、思想家、軍事家。千百年來諸葛亮成為智慧的化身，其傳奇性故事為世人傳誦。他不光是戰場上可以運籌帷幄之中而決勝於千里之外，不光是攻無不克、戰無不勝，還主張在戰場上要能以德服人，只有讓人從心裡感到佩服，那才算是真正的勝利。其中諸葛亮七擒孟獲的事情就充分說明了這一點。

劉備在世的時候就知道諸葛亮辦事一向穩重、謹慎，當他在病重的時候就把諸葛亮叫到身邊囑咐後事。把他死之後的國家大事都託付給了諸葛亮，並告訴他的兒子劉禪稱諸葛亮為相父。要像對待父親那樣對待諸葛亮。諸葛亮也發誓一定要為劉氏天下竭盡全力。

但是並不是所有的臣下都像諸葛亮那樣盡忠於蜀漢，劉備在這裡閉上眼睛沒多長時間，益州郡就有個豪強雍闓，殺死了益州太守，發動叛變。他一面投靠東吳，一面又拉攏了南中地區一個少數民族首領孟獲，叫他去聯絡西南一些部族起來反抗蜀漢。

經過雍闓的煽動，牂柯太守朱褒、越巂部族酋長高定，也都回應雍闓。這樣一來，蜀漢差不多丟了一半土地，怎麼不叫諸葛亮著急呢？

可是，當時蜀漢剛遭到猇亭大敗和先主死亡，顧不了出兵。諸葛亮一面派人和東吳重新講和，穩住了這一頭；一面獎勵生產，興修水利，積蓄糧食，訓練兵馬。過了兩年，局面穩定了，諸葛亮決定發兵南征。

諸葛亮率領蜀軍向南進軍，節節勝利。大軍還在半路上，越巂酋長高定和雍闓已經發生火拼。高定的部下殺了雍闓。蜀軍打進越巂，又把高定殺了。

諸葛亮派李恢、馬忠兩員大將分兩路進攻，不到半個月，馬忠又攻破牂柯，消滅了那裡的叛軍。四個郡的叛亂很快就平定了。

但是事情還沒有結束。南中酋長孟獲收集了雍闓的散兵，繼續反抗蜀兵。諸葛亮一打聽，知道孟獲不但打仗驍勇，而且在南中地區各族群眾中很有威望。

諸葛亮知道孟獲是個人才，於是決心把他爭取過來。他下了一道命令，只許活捉孟獲，不能傷害他。

好在諸葛亮善於用計謀，蜀軍和孟獲軍隊交鋒的時候，蜀軍故意敗退下來。孟獲仗著他人多，一股勁兒追了過去，很快就中了蜀兵的埋伏。南兵被打得四處逃散，孟獲本人就被活捉了。

　　孟獲被押到大營，心裡想，這回一定沒有活路了。沒想到進了大營，諸葛亮立刻叫人給他鬆了綁，好言好語勸說他歸降。但是孟獲不服氣，說：「我自己不小心，中了你的計，怎麼能叫人心服？」

　　諸葛亮也不勉強他，陪著他一起騎著馬在大營外兜了一圈，看看蜀軍的營壘和陣容。然後又問孟獲：「您看我們的人馬怎麼樣？」

　　孟獲傲慢地說：「以前我沒弄清楚你們的虛實，所以敗了。今天承蒙您給我看了你們的陣勢，我看也不過如此。像這樣的陣勢，要打贏你們也不難。」

　　諸葛亮爽朗地笑了起來，說：「既然這樣，您就回去好好準備一下再打吧！」

　　孟獲被釋放以後，逃回自己部落，重整旗鼓，又一次進攻蜀軍。但是他本是一個有勇無謀的人，哪裡是諸葛亮的對手，第二次又乖乖地被活捉了。

　　諸葛亮勸他，見孟獲還是不服，又放了他。

　　像這樣又放又捉，一次又一次，一直把孟獲捉了七次。

　　到了孟獲第七次被捉的時候，諸葛亮還要再放。孟獲卻不願意走了。他流著眼淚說：「丞相七擒七縱，待我可說是仁至義盡了。我打從心裡敬服。從今以後，不敢再反了。」

　　孟獲回去以後，還說服各部落全部投降，南中地區就重新歸蜀漢控制。

第二十二章　聖人抱一

【原文】

曲則全，枉^①則直，窪則盈，敝^②則新，少則得，多則惑。是以聖人抱一^③為天下式^④。不自見^⑤，故明；不自是，故彰，不自伐^⑥，故有功；不自矜，故長。夫唯不爭，故天下莫能與之爭。古之所謂「曲則全」者，豈虛言哉？誠全而歸之。

【注釋】

①枉：屈、彎曲。

②敝：凋敝、破舊。

③抱一：意為守道。抱：守。一：指道。

④式：法式、範式。

⑤自見：自顯於眾。見同現。

⑥自伐：自誇。

【譯文】

忍受委曲反而能保全，屈枉反而能直伸；低窪反而能充盈，破舊反而能更新；少取反而能獲得，貪多反而會迷惑。所以聖人堅守萬物歸一的原則作為天下事理的範式，不自顯於眾，反能顯明；不自以為是，反能受尊敬；不自己誇耀，反能得功勞；不自以為大，所以才能長久。

正因為不與人爭，所以天下沒有人能與他爭。古時所說的「委曲便會保全」的話，怎會只是一句空話呢？只要誠心誠意去遵循，天下便歸屬他。

【經典解讀】

老子在這一章講了「曲則全」的道理。「委曲求全」這句話大家並不陌生，對於現在的人們來說，委曲求全是一種低調做人的生活態度。在我們生活當中，有時候需要你去保持這種低姿態的生活態度。在現實生活中，我們做事情不可能一帆風順的，遇到挫折不如暫時委曲求全，再慢慢想辦法解決。

【經典事例】

劉備三請諸葛亮

在劉備建立蜀漢的過程中諸葛亮的功勞那就不用再說了，甚至孔明在未出茅廬就已經為劉備的生存與發展制訂了「聯孫抗曹」的總戰略。雖然劉備後來因條件所限而未能實現統一中國的計畫，但他恰是依據諸葛亮「聯孫抗曹」的戰略謀劃，而建立了蜀漢政權，成為鼎立三足者之一。

那麼按照當時的形勢來看，官渡之戰後，曹操轉弱為強，成為北方霸主。同時，孫權在江南接手了孫策的基業，對北方戰事坐觀成敗，集中力量治理內政。荊州劉表雖兵精糧足卻無進取之心，而劉備一直都不能佔有一塊牢固的根據地。可以看出這種形式對劉備是非常不利的，可以說劉備除了有一點名氣以外他什麼都沒有。但是聰明的諸葛亮為什麼會選擇投靠當時毫無優勢可言的劉備呢？

這中間還要得益於劉備的低姿態做人原則，當時的劉備已屆不惑之年卻始終

處於輾轉依人的被動狀態，他自己也很悲憤鬱悶。由於曹操南侵的風聲日緊，不安的情緒籠罩著荊州，很多人都把希望寄託在劉備身上，但他的兵微將少，難以與曹操的大軍抗衡。他回顧自己多年以來的經歷，認識到之所以屢屢失敗是因為身邊沒有運籌帷幄的人才輔佐，為此他特地拜訪了當時的「水鏡先生」司馬徽。司馬徽向劉備推薦了臥龍諸葛亮和鳳雛龐統，並將劉備招攬人才的消息傳開。

西元207年的冬天，在司馬徽、徐庶等極力引薦下，劉備親自帶著關羽、張飛，冒著隆冬季節的嚴寒，接連三次前往隆中探訪諸葛亮。

這期間，諸葛亮正在外遊歷，訪友磋學。有關劉備請他出山之事，他已有耳聞，但是他故意避而不見，就是想知道，劉備請自己出山僅是裝點門面，還是竭誠以待，委以重任。後來劉備等不辭辛苦，三顧茅廬，諸葛亮終於被劉備這種虛心求教的精神、竭誠相待的態度所打動，終於答應出山輔其功業。

孔明根據對曹、劉、孫三方以及劉表等勢力的政治、軍事、經濟、地理諸多條件的精闢分析，為劉備的生存與發展制訂了「聯孫抗曹」的總戰略。為了實現這一戰略計畫，諸葛亮提出首先要向薄弱方向發展，奪取荊、益二州以建立穩固基地，安撫西南各族，聯合孫權，整頓內政，加強實力；其後待條件成熟時，從荊、益兩路北伐曹操，奪取中原，統一中國。顯然，這是一個比較符合客觀實際的既穩健而又有進取精神的戰略構想。雖然劉備後來因條件所限，未能實現一統天下的願望，但在後來的戰略部署上，基本上是按照諸葛亮這一方針來實行的。

做人要有足夠的自信和積極的心態這都是正確的。但是為人在積極的同時別忘了自己做人的姿態，太張揚有時候不利於自己的發展。低姿態做人能夠讓你有更多的收穫，會加速你成功的腳步。劉備要不是靠他的誠心，要不是在面對人才

時極力放低自己的姿態，進而請得諸葛亮下山的話。那後來天下的形式說不定就不會是三足鼎立，憑他當時的實力能不能在征戰中立足都是個問題。

閱讀筆記

第二十三章　希言自然

【原文】

希言①自然。故飄風②不終朝，驟雨不終日，孰為此者？天地。天地尚不能久，而況於人乎？故從事於道者③同於道；德者同於德；失者同於失④。同於道者，道亦樂得之；同於德者，德亦樂得之；同於失者，失亦樂得之。信不足焉，有不信焉！

【注釋】

①希言：是少說話。此處指統治者少施加政令的意思。

②飄風：狂風、強風。

③從事於道者：以道辦事的人。此處指統治者按道施政。

④失：指失道或失德。

【譯文】

統治者少發號政令不擾民是合乎於自然的。所以狂風颳不到一個早晨，暴雨下不了一整天。是誰讓它這樣呢？是天地。天地也不能使狂風暴雨長久地維持，又何況是人呢？所以，從事於道的就合乎於道，從事於德的就合乎於德，失道失德就會導致失道失德的後果。同於道的人，道也會樂於幫助他。同於德的人，德也樂於得到他。同於失的人，道就會使他失德失道。誠信不足的人，就會有人不信任他。

【經典解讀】

老子在這一章裡討論的話題還是他一貫主張的無為而治。他認為最好的治理天下的辦法就是盡可能地少發號施令，他這裡所說的「言」就是發號施令，可以當成用來約束民眾的法律和條令來看。老子認為過多的法令和條律必然會影響人們的生產和生活，對民眾不利，為了說明這一觀點的正確性老子列舉了狂風和暴雨不可能長久的例子。老子說以天和地的力量都不能使狂風和暴雨保持長久，更何況是人呢？我們又怎麼可能使得暴政和強橫的法令保持長久呢？

既然嚴刑峻法無法保持長久，那就盡量少對民眾發號施令吧！統治者必須是在遵循道的基礎上的「希言，貴言」。老子接下來就說你選擇什麼樣的行為方式就會得到什麼樣的結果。你選擇了道你就能夠親近道，你選擇了德，德也樂於讓你成為有德的人。反之也一樣，你選擇了無道就會失去道。你要是一個誠信不足的人，那麼你自然就會失去別人的信任。

【經典事例】

商鞅立木為信

商鞅（約西元前390年～西元前338年）衛國人，是戰國時期政治家，法家代表人物。也是一位成績卓著的改革家。他在秦孝公的支持下在秦國所推行的一系列的改革，大大推進了秦國經濟的發展。提高了秦國在諸侯國中的地位，最終成為戰國七雄之一。

商鞅在秦國所實行的一系列改革措施的實施，就是以確立老百姓對自己的信任為前提的，這就是商鞅「立木為信」的故事。

改革剛剛開始的時候，商鞅起草了一個改革的法令，但是怕老百姓不信任他，不按照新法令去做。就先叫人在都城的南門豎了一根三丈高的木頭，下命令說：「誰能把這根木頭扛到北門去的，就賞十兩金子。」

不一會兒，南門口圍了一大堆人，大家議論紛紛。有的說：「這根木頭誰都拿得動，哪兒用得著十兩賞金？」有的說：「這大概是左庶長存心開玩笑吧！」

大夥兒你瞧我，我瞧你，就是沒有一個敢上去扛木頭的。

商鞅知道老百姓還不相信他下的命令，就把賞金提高到五十兩。沒有想到賞金越高，看熱鬧的人越覺得不近情理，仍舊沒人敢去扛。

正在大夥兒議論紛紛的時候，人群中有一個人跑出來，說：「我來試試。」他說著，真的把木頭扛起來就走，一直搬到北門。

商鞅立刻派人傳出話來，賞給扛木頭的人五十兩黃澄澄的金子，一分也沒少。

這件事立即傳了開去，一下子轟動了秦國。老百姓說：「左庶長的命令不含糊。」

商鞅知道，他的命令已經起了作用，就把他起草的新法令公佈了出去。新法令賞罰分明，規定官職的大小和爵位的高低以打仗立功為標準。貴族沒有軍功的就沒有爵位；多生產糧食和布帛的，免除官差；凡是為了做買賣和因為懶惰而貧窮的，連同妻子、兒女都罰做官府的奴婢。

這樣過了十年，秦國果然越來越富強，周天子打發使者送祭肉來給秦孝公，

封他為「方伯」（一方諸侯的首領），中原的諸侯國也紛紛向秦國道賀。魏國不得不割讓河西土地，把國都遷到大梁（今河南開封）。

凡事無信不立，就是老子所說的「信不足焉，有不信焉」的道理。做什麼事情你都得讓大家信任你，想讓大家都信任你，你就要先做一個誠信的人。社會發展到今天，誠信二字仍然是人們立足於社會的根本，可以說一個人失去了誠信他就失去了一切。

閱讀筆記

第二十四章 跨者不行

【原文】

企①者不立，跨②者不行；自見者不明；自是者不彰；自伐者無功；自矜者③不長。其在道也，曰餘食贅形，物或惡之，故有道者不處。

【注釋】

①企：意為踮起腳跟，腳尖著地。

②跨：躍、越過，闊步而行。

③自矜者：自吹自擂的人。

【譯文】

踮起腳跟用腳尖著地站著，是站立不住的；邁開大步想要前進得快，是走不遠的；自逞己見的人，不會明白事理；自以為是的人，是辨不清是非的；自我誇耀的人，建立不起功勳；自高自大的人，反而不得長久。以上這些行為從道的觀點來看，只能說是剩飯贅瘤，令人厭惡，所以有道的人是不會這樣做的。

【經典解讀】

在這一章裡，老子用「企者不立，跨者不行」做比喻，說明「自見」、「自伐」、「自矜」的後果都是不可取的。這些輕浮、急躁的舉動都是反自然的行

為，都是短暫而不能持久的。同時我們可以從中領悟到：做人不要太虛榮，不要自高自大。教育人們做事不要輕浮，不要急躁多言，不要爭強好勝。

最後一句：「故有道者不處。」點明了老子的觀點，要人們按照「道」的規範去與眾人相處。只有按照客觀規律辦事，遵循自然大道，才能收到好的效果。

【經典事例】

關羽失荊州

關羽是三國時期蜀漢著名將領。死後受民間推崇，又經歷代朝廷褒封，被人奉為關聖帝君，佛教稱為伽藍菩薩。他一生征戰很少落敗，可以說他有著極其輝煌的一生。但是就是這樣一個英雄最後仍不免落得身首異處，那場戰役可以說是他戎馬生涯當中唯一的一大敗筆。不過就是這一次失誤足以斷送他的性命，究其原因還是因為他過於高傲自大。

當時關羽（關雲長）是荊州的最高負責人，駐屯在江陵，率領大軍前往樊城（屬魏軍所有）圍攻。吳軍的守將呂蒙駐守陸口，原本就有意趁關羽圍攻樊城之機奪取荊州。

不料，關羽早有準備，沿江上下，或20里，或30里，在高阜處各設有烽火臺。這樣一來，呂蒙認為無計可施，於是，就假裝有病而不起。後來，陸遜向孫權建議，願意代替呂蒙駐守陸口，並有妙計可以取得荊州。陸遜對呂蒙說：「雲長倚恃英雄，自料無敵，所慮者唯將軍耳。將軍趁此機會，藉疾辭職，以陸口之任讓給別人，使別人附辭讚美關公，使他驕傲；他一定盡力撤出荊州的士兵，攻向樊城；若荊州沒有防備，用一個旅的兵力，就可出奇不意地對其發動攻擊，這

樣，荊州就會在我們的掌握之下了。」呂蒙聽後大喜，就按陸遜所說的去辦。

陸遜接受任命之後，連夜趕往陸口，交割馬、步水三軍之後，立即修書一封，備有名馬、異錦、酒水禮等物品，遣人去樊城送給關公。

關公召見來使，並指著他說：「仲謀見識短淺，用此孺子為將！」來使特地告曰：「陸將軍呈書備禮，一來與君侯作賀，二來求兩家和好，幸乞笑留。」關公拆書視之，書詞極其卑謹。關公看完之後，仰天大笑，令左右收了禮物，打發使者回去。使者回見陸遜說：「關公欣喜，無復有憂江東之意。」哪知這正是陸遜的「笑裡藏刀」。

陸遜探知關公確實將荊州的兵馬撤出一半，調往樊城之後，於是轉報孫權攻取荊州。關公派傅士仁留守荊州，當其老友虞翻以箭書勸其投降之時，博士仁想起關公對他並不禮遇，不如早降，即令大開城門，請虞翻入城。

可以這麼說，英雄一世的關羽，其實是死在他自己的手裡。老子曰：「自矜者不長。」自高自大的人，是不得長久的。可能是他年輕時候所立的戰功的緣故，讓他覺得整個天底下就數他自己最大，其他的人都不足以跟他抗衡。那時候關羽已經失去了以前的謹慎態度，非常自大。他這一驕傲不光是看不起他的對手，就連他的那些手下、他的戰友，他老人家也都不拿正眼看。這樣說來，他老人家身處在內憂外患的環境下，失敗也就在所難免了。

第二十五章　道法自然

【原文】

　　有物混成，先天地生。寂兮寥兮①，獨立而不改②，周行而不殆③，可以為天地母④。吾不知其名，強字之曰：道，強為之名曰：大。大曰逝⑤，逝曰遠，遠曰反⑥。故道大，天大，地大，人亦大。域中⑦有四大，而人居其一焉。人法地，地法天，天法道，道法自然。

【注釋】

　　①寥兮：無形。

　　②不改：永恆不變。

　　③周行：循環運行。不殆：生生不息。

　　④天地母：天地萬物的根本。母，指「道」。

　　⑤逝：指「道」的運行周流不息、永不停止的狀態。

　　⑥反：本作「返」。意為返回到原狀。

　　⑦域中：即宇宙之間、空間之中。

【譯文】

　　有一個渾然一體的東西，在產生天地之前就存在了。它無聲而又無形啊，它獨立長存而永恆不變，它循環運行而生生不息。可以說它是天地萬物的根本。我

不知道它的名字，勉強叫它道，我又勉強稱它為大。它廣大無邊而周流不息，周流不息而伸展遙遠，伸展遙遠而又返回本原。所以說道大，天大，地大，人也大。宇宙之中有四大，而人是其中之一。

人取法於地，地取法於天，天取法於道，道取法於自然。

【經典解讀】

這一章老子再次闡述了「道」的性質和「道」的規律，道它是物質性的，是在一切萬物之前就存在的實體，這個實體是看不見又摸不著的，即無聲而又無形的，它不以人的意志為轉移，它循環運行而生生不息。

老子還提出宇宙中的四大，即「道」、「天」、「地」、「人」。而道是第一位的。它生成了天地萬物，而它又是自然生成的。「道法自然」即是道取法於自然的，它純任自然並順應自然界的發展。道演化成這個多樣化的世界，世界才可以循環變化。同時老子也告訴人們，有「道」的治者只有順應自然，按照客觀規律的要求去辦事，才能成就一番事業。

【經典事例】

莊子不出仕

莊子是戰國時代著名的思想家、哲學家、文學家，是道家學派的代表人物，老子哲學思想的繼承者和發展者，先秦莊子學派的創始人。後世將他與老子並稱為「老莊」，稱他們的哲學為「老莊哲學」。

莊子看起來是一個憤世嫉俗的人，曾做過漆園小吏，雖生活很窮困，卻不接受楚威王的重金聘請。這天，秋高氣爽，太陽雖然已爬在半空，莊子還在睡夢之中。這時門外的敲門聲把莊子叫醒了。一開門便看到門外車馬滾滾，還有豬羊美酒，黃金千兩。原來是楚威王久仰莊周大名，欲將他招進宮中，輔佐自己完成圖霸天下的事業。便派了幾位大夫鄭重其事地來請莊周去楚國當卿相。

使者們走到莊子面前拱手作揖，說明來意，呈上禮單。不料莊子連禮單看也不看一眼，大笑道：「免了！千金是重利，卿相是尊位，請轉告威王，感謝他的厚愛。」

使者們一聽，用驚訝的眼光相互望了望。

莊子緊接著說：「難道諸位沒有看過君王祭祀天地時，當作祭品的那頭牛嗎？想當初，牠在田野裡生活得自由自在，一旦作為祭品被選入宮中，剛開始是給予很好的照料，生活條件是好多了，可是等到用牠時這頭牛想不當祭品，還有可能嗎？

去朝廷做官與這頭牛又有什麼差別呢？天下的君主，在他勢單力孤、需要用人時，便招攬人才，禮賢下士。一旦奪得天下，便為所欲為，視功臣為敵手，真所謂『飛鳥盡，良弓藏；狡兔死，走狗烹』。

你們說，去做官會有什麼好結果嗎？放著悠然自得的生活不去享受，偏偏費盡心機去爭名奪利，豈不是太無聊了嗎？」

使者見莊子對於世情功名的洞察如此深刻，也不好再說什麼，只得怏怏告退。

莊周仍然過著無憂無慮的生活，在貧窮中享受生活的快樂和尊嚴。

在一個混亂的社會裡，莊子為人們設計了自處之道。在他所建構的世界中，沒有任何的牽累，可以悠然自處，怡然自適。

閱讀筆記

第二十六章 輕則失根

【原文】

重為輕根，靜為躁①君。是以君子終日行不離輜重②，雖有榮觀③，燕處④超然。奈何萬乘之主⑤，而以身輕天下？輕則失根，躁則失君。

【注釋】

①躁：躁動。

②輜重：古代軍中載運器械、糧食的車輛。

③榮觀：指華麗的生活。

④燕處：安居之處。

⑤萬乘之主：指擁有兵車萬輛的大國君主。乘指兵車的數量。

【譯文】

厚重是輕率的控制者，鎮靜是躁動的制服者。所以君子整天行事都不會輕舉妄動，雖然有華麗的生活環境，但他卻能安然處之，為什麼擁有兵車萬輛的大國君主，卻輕率躁動以治天下呢？輕浮就會失去根本，躁動就會失去君位。

【經典解讀】

這一章老子沒有再就道和德的虛無做什麼論述，而是具體到了為人處事的一

些細節。告訴人們近道有德的人是怎麼做的，這麼做有什麼好處。反之要是不這麼做會帶來什麼樣的後果。

這一章裡面老子要告訴我們的是為人處事一定要穩重沉著，不管遇到什麼事，也不管身處什麼樣的環境，都不能躁動不安，更不能輕舉妄動。要不然普通人會失去做人的根本，為人君者就有可能失去整個天下。顯然老子的這一告誡主要還是針對擁有天下的統治者來說的，當然也不排除一般的市井小民。我們今天再來重新解讀的時候，不妨把這一告誡施用於我們每一個人，讓我們不再因為輕舉妄動而再失去什麼。

【經典事例】

趙括輕率喪身

趙括是戰國時趙國的一員戰將，他的父親就是馬服君趙奢。趙奢心裡非常清楚他的兒子趙括只會空談兵法，實際上並沒有指揮作戰的能力。於是趙奢在臨死之前對趙孝成王說，以後千萬不能讓趙括帶兵打仗，他並不知道戰爭的殘酷性，完全把戰爭當成兒戲一般。如果讓他擔任大將，將會給趙國帶來巨大的損失。但是趙奢死後趙孝成王並沒有聽從他的勸告。

西元前262年，秦昭襄王派大將白起進攻韓國，佔領了野王（今河南沁陽）。截斷了上黨郡（郡所在今山西長治）和韓都的聯繫，上黨形勢危急。上黨的韓軍將領不願意投降秦國，便打發使者帶著地圖把上黨獻給趙國。趙孝成王（趙惠文王的兒子）派軍隊接收了上黨。

西元前260年，秦國又派王齕（音ㄏㄜˊ）圍住上黨。

趙孝成王聽到消息，連忙派廉頗率領二十多萬大軍去救上黨。但是他們才到長平（今山西高平縣西北），上黨就已經被秦軍佔領了。

於是廉頗連忙叫兵士們修築堡壘，深挖壕溝，跟遠來的秦軍對峙，準備做長期抵抗的打算。王齕還想向長平進攻。幾次三番向趙軍挑戰，廉頗就是不跟他們交戰。王齕就故意放出風聲說：「秦國就是怕讓年輕力強的趙括帶兵；廉頗不中用，眼看就快投降啦！」

這話傳到了趙孝成王那裡，趙王聽信了議論，立刻派人把趙括找來，問他能不能打退秦軍。趙括自豪地說：「王齕不過是廉頗的對手。要是換上我，打敗他不在話下。」

趙王聽了很高興，就拜趙括為大將再領兵二十萬，去接替廉頗。竟把四十萬大軍的指揮權交給了他，去和秦軍作戰。

趙括仗著自己的軍隊聲勢浩大，便下了命令說：「秦國再來挑戰，必須馬上出去迎戰。敵人打敗了，就要追下去，非殺得他們片甲不留不可。」

范雎得到趙括替換廉頗的消息，知道自己的計謀成功，暗自高興。就秘密派白起為上將軍，去指揮秦軍。白起一到長平，佈置好埋伏，故意打了幾陣敗仗。趙括自認為打了幾次勝仗，正在得意的時候，聽得將士來報秦軍又來挑戰，趙括急忙帶領軍隊出去迎戰，並說：「這次一定要追殺到他們沒處可逃。」秦軍又故意敗下陣，趙括不知是計，命令士兵拼命追趕。

白起把趙括的軍隊引到預先埋伏好的地區，派出精兵兩萬五千人，切斷趙軍的後路；另派五千騎兵，直衝趙軍大營，把四十萬趙軍切成兩段。趙括這才知道

秦軍的厲害，只好築起營壘堅守，等待救兵。秦國又發兵把趙國救兵和運糧的道路切斷了。

趙括的軍隊，內無糧草，外無救兵，苦守了四十多天，兵士都堅持不住了。於是趙括帶兵想衝出重圍，秦軍萬箭齊發，把趙括射死了。趙軍聽到主將被殺，也紛紛扔了武器投降。四十萬趙軍，就在紙上談兵的主帥趙括手裡全軍覆沒了。

老子曰：「君子終日行不離輜重。」真是肺腑之言啊！趙括之所以失敗，就是因為他做事不夠穩重沉著，太輕舉妄動、自以為是了。

閱讀筆記

第二十七章 善言無瑕

【原文】

　　善行，無轍跡①；善言，無瑕謫②；善數③，不用籌策④；善閉，無關楗⑤而不可開；善結，無繩約⑥而不可解。是以聖人常善救人，故無棄人；常善救物，故無棄物。是謂襲明⑦。故善人者，不善人之師；不善人者，善人之資⑧。不貴其師，不愛其資，雖智大迷，是謂要妙⑨。

【注釋】

　　①轍跡：行車時車輪留下的痕跡，即車輪印。

　　②瑕謫：缺點、疵病。

　　③數：計算。

　　④籌策：古時人們用作計算的工具。

　　⑤關楗（ㄐㄧㄢˋ）：古代家的門有關，即栓；有楗，即梢，是木製的。關楗意為栓梢。

　　⑥繩約：繩索、繩約。

　　⑦襲明：襲，承襲、擁有。明，指明道。

　　⑧資：取資、借鑑的意思。

　　⑨要妙：精要玄妙、深遠奧秘。

【譯文】

善於行動的人，做事情從不留痕跡；善於言談的人，不會留下漏洞；善於計算的人，不必藉助於籌碼的演算；善於關閉的人，不用門插卻無人能開；善於捆綁的人，不用繩索卻無人能解。因此，聖人常常善於人盡其才，所以沒有被遺棄的人；聖人常常善於利用物，所以沒有被廢棄的物。這叫做保持明境。所以說，善人是不善人的老師，不善人也可作為善人的借鏡。如果不敬重老師，或者不愛惜他的借鏡作用，那麼，再有智慧也是很迷糊。這就是精深奧妙的道理啊！

【經典解讀】

本章的主導思想，是把老子的「自然無為的思想」引申應用到我們的生活領域之中。老子沿用道的理論，進一步講述了人們應該怎樣做事。老子用「善行」、「善言」、「善數」、「善閉」、「善結」來舉例，說明聰明的人做事精到，不留瑕讁，不僅要善於用物、用人，而且更要善於行道，掌握自然規律，運用恰當方法。就有可能取得很好的效果，並且無可挑剔。

【經典事例】

費無極善借人力

善於行事的人，總是能夠巧妙的借用外物或者他人的力量來為自己服務，從而很輕易地達到自己的目的。這就是人們常說的借力使力，這是非常高明的處事方法，其結果就是借力使力不費力。在武術領域佔有重要地位的太極的所有招式用的都是這一原理，在歷史的長河中這樣的例子也不在少數。春秋時期楚國的費無極就是善於借用他人之力的高手。

春秋戰國時期，楚昭王即位，以囊瓦為相國，和郤宛、鄢將師、費無極同執國政。後來因為郤宛在攻打吳國的時候立下了大功，楚昭王對他十分信任，一遇到什麼事就來和他商量。費無極見此十分妒忌，就和鄢將師串通好設計陷害郤宛。

一天，費無極對囊瓦說：「郤宛想邀請我們去做客，讓我來給您說一聲，不知相國是否賞光？」

囊瓦立即回答：「既然是人家請我們，哪有不去的道理？」

接著，費無極又去到郤宛家裡，對他說：「相國想借您的府上讓大家歡聚一下，不知你肯不肯做一個東道主？現在託我來問一問。」郤宛見是好事，毅然答應：「難得相國肯賞臉，真是榮幸之至！明天我就設宴恭候，麻煩你先去報告！」費無極說：「不忙，既然是相國要來，你準備送他什麼禮物？」

「你想得真周到。」郤宛說：「不知相國喜歡什麼？」

費無極沉思了一下說：「他身為相國，金錢、美女不稀罕了，唯有堅甲利兵，他最感興趣，平日也提起過，對皇上賜給你的吳國兵甲十分感興趣，來你家赴宴，無非是想參觀一下你的戰利品罷了。」「這個很容易。」郤宛隨即叫人拿出戰利品來，費無極幫著挑選出其中的一百件，告訴郤宛：「這些夠了，你把這些放在門邊，相國來的時候就找機會獻給他就行了。」

郤宛信以為真，就把他們選好的一百件兵器放在大門內，上面用氈布蓋好。就等著第二天相國來的時候獻上自己的禮物了。

第二天正當囊瓦要啟程赴宴時，費無極卻說：「郤宛近來態度十分傲慢，這

次設宴又不知其中有何緣故。人心不可測，待我先去探聽一下，再去也不遲。」

相國同意讓費無極先去探測一番。不一會兒，費無極急急忙忙地跑回來，氣急敗壞地說：「事情不好了，郤宛這次設宴，不懷好意。我見他門內暗藏甲兵，殺氣騰騰，您要是去了，肯定是非常的危險。」囊瓦聽了不太相信，說：「我和他平時也沒什麼仇恨，他也不至於想要置我於死地吧？」

費無極趁機挑撥說：「郤宛自以為功勞大了不起，又深得昭王寵幸，早有對相國取而代之的野心了。」

他的這一番話把囊瓦的主意打亂了，但囊瓦還不太相信，又派心腹去郤宛家探個明白。

心腹回來報告說：「真有其事。」囊瓦氣壞了，派人把鄢將師叫來，告訴他這件事，並問他如何處置。鄢將師早與費無極串通好了，見機會來了，就添油加醋地說：「郤宛想造反，正想篡奪國政，幸虧今日發覺得快，再遲就後悔莫及了。」「真是太可惡了。」囊瓦氣憤不過，隨即奏請昭王，命令鄢將師率兵包圍郤宛的家。郤宛這時才知道中了費無極設下的圈套，欲訴無門，含冤引刀自刎而死。

費無極沒有費什麼勁就借相國之手除掉了自己的眼中釘，算是一個善於借用他人之力的高手。但是，他借用他人之力來殺人卻不是什麼仁義之舉，這一點還是要我們引以為戒的。

第二十八章　大制不割

【原文】

知其雄①，守其雌②，為天下溪。為天下溪，常德不離，復歸於嬰兒③。知其白，守其黑，為天下式④，為天下式，常德不忒⑤，復歸於無極⑥。知其榮，守其辱，為天下谷⑦。為天下谷，常德乃足，復歸於樸⑧。樸散則為器⑨，聖人用之，則為官長⑩，故大制不割。

【注釋】

①雄：比喻剛勁、強大。

②雌：比喻柔靜、軟弱、謙下。

③嬰兒：純真的象徵。

④式：楷模、範式之意。

⑤忒（ㄊㄜˋ）：過失、差錯。

⑥無極：意為最終的真理。

⑦谷：峽谷、深谷，比喻胸懷廣闊。

⑧樸：樸實。指純樸的原始狀態。

⑨器：器物。

⑩官長：百官的領導者。

深知剛強，卻安守柔弱，甘願做天下的溪澗。甘願做天下的溪澗，永恆的德性就不會離去，又會回復到嬰兒般純真的狀態。深知明亮，卻安於暗昧，甘願做天下的楷模。甘願做天下的楷模，永恆的德行就不會出差錯，就會回復到宇宙的初始。深知榮耀，卻安守卑辱，甘願做天下的低谷。甘願做天下的低谷，永恆的德性才得以充足，回復到大自然的素樸純真狀態。樸實本初的東西經製作成各種器具，聖人沿用真樸，而成為百官之長，所以完善的政治體制是不可分割的。

【經典解讀】

　　這一章是在闡述德治的重要作用，勸導統治者要拋開對強權、學識和榮譽的依賴，而要用返璞歸真的大道之德來治理天下。但是老子並沒有一味的講德治的重要性，他還就如何聚德、養德的問題提出了指導性的建議。老子把大道之德的修養分成了具體的三個階段。第一個階段是要「知其雄，守其雌」，因為老子認為弱能勝強，只有安守柔弱，才能使大道之德不離左右，這才能有德。第二個階段是要「知其白，守其黑」，甘願做天下的楷模，這樣才能使大道之德在發展中不出差錯，這才能順德。這第三個階段就是要「知其榮，守其辱」，能夠以處下的姿態面對天下百姓，這樣才叫做德的圓滿。才能夠成為百官之長而有天下。

【經典事例】

劉備種菜

　　從古至今，做大事的人都要有適應現實的變化，而迅速改變自己做法的能

力，在現實的壓力之下，如果你能改變觀念，適時而進，可收到事半功倍的效果。三國蜀漢開國君王劉備，就是一個能夠看清世事，待時而做的人。

東漢靈帝末年，劉備因為在跟黃巾軍的交戰中立下了戰功，任徐州牧。當時劉備雖然自己說是漢室的親戚還是皇叔，但是他的實力跟其他的幾個軍閥根本就無法比，為了不讓別人發現他的雄心壯志，以免招來禍患，他不得不在住處後園種菜，整天翻土澆水。

但是沒想到的是，就是這樣也沒能瞞得過當時的大軍閥曹操，有一天劉備正在後院的菜園子裡工作，曹操就派人來請他，劉備實在沒辦法就跟著使者一起去見曹操。曹操不動聲色地對劉備說：「在家做得好大事！」說者有意，聽者更有心，這句話將劉備嚇得面如土色，曹操又轉口說：「你學種菜，不容易。」這才使得劉備稍稍放下心來。

剛把心放到肚子裡的劉備隨曹操來到小亭，只見已經擺好了各種酒器，盤內放置了青梅，於是就將青梅放在酒樽中煮起酒來了。喝著喝著，天氣就有了變化，烏雲密佈，這雨好像說話間就要下下來的樣子，曹操就借題發揮，由天氣的變化談到世事的變化，談龍的品行，又把龍和當時的英雄做比較，讓劉備說說當時的社會上有哪幾個人可以算得上是英雄，劉備裝作胸無大志的樣子，一連說了好幾個竟都是曹操看不上眼的傢伙。

劉備就說：「依您看現在世上誰可以稱得上是英雄呢？」曹操這時候正想著要試探劉備，就單刀直入地說：「當今天下能夠稱得上英雄這兩個字的，就只有你和我兩個人而已！」劉備一聽，吃了一驚，手中拿的筷子，也不知不覺地掉在地上。正好這時候天上打下一個響雷，劉備靈機一動，從容地低下身拾起筷子，

說：「這雷真是太響了，嚇得我連筷子都拿不住了。」曹操這才放心地說：「大丈夫也怕雷嗎？」劉備說：「連聖人對迅雷烈風也會失態，我還能不怕嗎？」劉備經過這樣的掩飾，使曹操認為他是個胸無大志、膽小如鼠的庸人。

後來劉備三顧茅廬使得諸葛亮輔佐。又與孫權聯合大敗曹操於赤壁，取得益州與漢中，自立為漢中王。西元221年，於成都即位稱帝，國號漢，年號章武。

劉備在特殊時期就如老子所說的：「知其白，守其黑。」即深知明亮，卻安於暗昧。其實，就是把自己的某些優勢有意地隱藏起來。因為時機尚未成熟，這時候過度地暴露自己不但得不到什麼好處反而會為自己招來禍端。

閱讀筆記

第二十九章　聖人無為

【原文】

將欲取①天下而為之，吾見其不得已②。天下神器③，不可為也，不可執④也。為者敗之，執者失之。是以聖人無為⑤，故無敗，無執，故無失。夫物或行或隨⑥；或歔或吹；或強或羸⑦；或載或隳⑧。是以聖人去甚、去奢、去泰⑨。

【注釋】

①取：為、治理。

②不得已：得不到。

③神器：神聖的物。

④執：掌握、執掌。

⑤無為：順應自然而不強制。

⑥隨：隨從、跟隨。

⑦羸：弱、虛弱。

⑧或載或隳（ㄏㄨㄟ）：即有安載的、有危險的。載，安穩。隳，危險。

⑨泰：極、過度行事。

【譯文】

想要治理天下卻用強力而為，我看他是不能夠得到的。天下是神聖的存在，

是不可以違背它們的意願而加以強力統治。違背了就一定會失敗；強加把持的一定會失去。因此聖人是順應自然而不強制，所以不會失敗；不把持，所以不會被拋棄。世界上的萬物有的前行、有的隨從；有的煦暖、有的吹寒；有的強壯、有的虛弱；有的安居、有的危殆。因此，聖人要去除極端、奢侈和過度的措施法度。

【經典解讀】

這一章老子主要論述了：一切都要順應自然，因應物性。天下的一切事物都有各自的存在方式，任何事物都不要以自己的主張意志強加於人，而採取某些強制措施。如果強加干涉就違背了大道，就會遭到失敗。

教導那些得「道」的統治者治理國家，做任何事情都不要走極端，不要存奢望，不要過度的措施法度。其實這些還不光是針對那些統治者來說的，拿到今天來說，這樣的道理對於我們這些平凡的人來說也還有很重要的意義。就拿感情來說，有人說感情就像是手心裡的一把沙子，你輕輕地握拳，沙子會留在你的手裡，但是你要是用力握緊的話，那些細沙就會從你的指間流失，你終將一無所有。那所說的也是這個道理。

【經典事例】

周厲王貪婪被逐

就像老子說的那樣，凡事不可勉強為之。對於天下來說就更是這樣了，天下的百姓，天下的萬物，你越是對他們施與恩德，但又並不把他們佔為己有，他們

就越會極力的擁戴你。讓你當天下的君王，你想不當都不行。但是你要是極力地證明天下是你一個人的，他們是屬於你的，他們就會越反對你，就算你現在還是他們的君王，他們也能夠讓你在眨眼之間一無所有。

發生在很早以前的周朝的那次暴動就充分說明了這一點。原來周朝在成王、康王統治的時期，政局比較安定。後來，由於奴隸主、貴族加重剝削，加上不斷發動戰爭，平民和奴隸的不滿情緒也隨著增長。周朝的統治者為了鎮壓人民，採用十分嚴酷的刑罰。周穆王的時候，制訂了三千條刑法，犯法的人受的刑罰有五種，叫做「五刑」。像額上刺字、割鼻、砍腳等等。

到了西周第十個王周厲王即位後，對人民的壓迫更重了。周厲王寵信一個名叫榮夷公的大臣，實行「專利」，他們霸佔了一切湖泊、河流，不准人民利用這些天然資源謀生；他們還勒索財物，虐待人民。那時候，住在野外的農夫叫「野人」，住在都城裡的平民叫「國人」。周都鎬京的國人不滿厲王的暴虐措施，怨聲載道。

對於國人的議論，厲王並不在意。他只是下了一道命令，禁止國人批評朝政，還從衛國找來一個巫師，要他專門刺探批評朝政的人，說：「如果發現有人在背後誹謗我，你就立即報告。」衛巫為了討好厲王，派了一批人到處察聽。那批人還敲詐勒索，誰不服他們，他們就隨便誣告。

在這樣的壓力下，國人還真的不敢在公開場合裡議論厲王的不是了。甚至人們在路上碰到熟人，也不敢交談招呼，只交換了一個眼色，就匆匆地走開。

這樣周厲王非常的得意，厲王洋洋得意對召公虎說：「你看，現在不是已經沒有人議論了嗎？」

召公虎嘆了一口氣說：「唉，這怎麼行呢？堵住人的嘴，不讓人說話，比堵住河流還要危險哪！硬堵住河流，就要決口；硬堵住人的嘴，是會闖大禍的呀！」

厲王撇撇嘴，不予理會，召公虎只好退出。

厲王和榮夷公的暴政越來越厲害，過了三年，也就是西元前841年，國人忍無可忍，終於舉行了一次大規模的暴動。起義的國人圍攻王宮，要殺厲王。厲王得知風聲，慌慌忙忙帶了一批人逃命，一直逃過黃河，到彘（音ㄓ，今山西霍縣東北）地方才停下來。國人打進王宮，沒有搜到厲王。有人探知厲王的太子靖逃到召公虎家躲了起來，又圍住召公虎家，要召公虎交出太子。召公虎無可奈何，只好把自己的兒子冒充太子送出去，才算把太子保護了下來。

閱讀筆記

第三十章　物壯則老

【原文】

以道佐人主者，不以兵強天下，其事好還①。師之所處，荊棘生焉。大軍之後，必有凶年②。善有果③而已，不敢以取強④。果而勿矜，果而勿伐，果而勿驕，果而不得已，果而勿強。物壯⑤則老，是謂不道，不道早已⑥。

【注釋】

①還：還報、報應。

②凶年：災年、荒年。

③善有果：指達到獲勝的目的。果，成功之意。

④取強：逞強、好勝。

⑤物壯：強壯、強大。

⑥早已：早死、很快完結。

【譯文】

以道的原則輔佐君王的人，不靠武力逞強於天下。用武力逞強於天下總會有報應的。軍隊進駐的地方，荊棘便會叢生。大戰之後，一定會有荒年。善於用兵的人應該達到目的就要停止，不因為兵力強大而逞強。達到目的也不要自大，不要誇耀，不要驕傲，達到目的而出於不得已，達到目的而不逞強。任何事物達到

強盛的極點就會走向衰朽，這就說明它不符合道，不符合道的就會很快死亡。

這一章似乎是針對那些輔佐君王的王侯將相來說的，老子告訴他們輔佐君王不要讓君王以武力來征服天下。就算是萬不得已而動用軍隊，那也只是為了天下和平而動用的。那只是達到目的的一種手段而已，是不得已而為之的，僅僅是一個過程。而一旦平定天下的目的達到了，就應該即時的刀槍入庫、馬放南山，把戰馬賣掉買耕牛大力發展生產，而不應該以為兵強馬壯而感到驕傲。這是因為戰爭是殘酷的，它有著極強的毀滅能力。軍隊所到之處就算是良田千頃也會變成一片荒蕪，每次戰爭過後老百姓都因為飢餓而賣兒賣女。

老子的這些關於戰爭的論述是非常中肯的，戰爭不管是正義的還是非正義的，留給天下百姓的除了災難還是災難。老子關於戰爭的意義的論述也很確切，老子說戰爭其實僅僅只是一種手段而已，戰爭是為了和平。就像是《英雄》當中說的那樣，戰是為了不戰，殺是為了不殺。

【經典事例】

晏子閒談勸莊公

晏子是春秋後期齊國的相國，曾在齊靈公、莊公和景公三朝任事，是著名的政治家和外交家。他很有政治遠見和外交能力，以雄辯的口才、敏捷的思維而聞名諸侯。他愛國憂民，勇於直諫，在諸侯和百姓中享有極高的聲譽。他博聞強識，知古通今，主張以禮治國，對國君一向是知無不言，言無不盡。

一日，晏子去求見齊莊公，齊莊公這時正在花園裡與妃子下棋，聽說晏子前來，就撇下妃子，與這位棋壇高手在棋盤上廝殺起來。

晏子也不多話，穩穩坐在那裡，擺開陣勢，一會兒工夫就吃了莊公不少棋子，佔盡優勢。

莊公沉著應戰，但不知為什麼，晏子走了幾步棋，棋局發生了變化。莊公居然轉敗為勝贏了這一局。

齊莊公十分疑惑便問晏子：「為什麼你這局棋會下得如此差呢？」

晏子回答說：「臣有勇無謀，輸棋自在情理之中。」

他又手指棋盤說：「這下棋如同治理國家，如今看各國的狀況，對我而言已經很難勝任相國的重任了。」

莊公吃了一驚，便問：「怎麼說？」

晏子又說：「近年來，那些武夫們仗著您的偏愛，傲視文臣，欺壓百姓，鬧得京城臨淄烏煙瘴氣。使得許多有才幹的文臣得不到重用，官風、民風越來越壞。若這些人不加以嚴格約束，國家勢必會出亂子的。」

齊莊公畢竟是一國之君，雖有些自知之明，但怎可輕易接受一個臣下的批評呢？於是不服氣地問：「請相國直言，古代有沒有哪一個國君，依靠武力而安邦治國的呢？」

晏子說：「夏朝末年有大力士推侈、大戲，殷朝末年有勇士弗仲、惡吏，這些人都是力大無邊、萬夫難當之輩，但是他們卻不能挽救夏桀、殷紂的滅亡。

夏、商的覆滅告訴後世一個道理：光靠武力而不行仁政，是行不通的啊！」

莊公仔細體會晏子的肺腑之言，認為他說的很有道理，就恭敬地表示感謝，並同意從今以後省刑輕賦，施仁政以固國本，讓萬民敬仰自己，讓文臣親近自己。

晏子以下棋使莊公提出話題，並順勢轉到以武治國和以仁治國上面來，當莊公不服氣時他又舉出實例，證明以武治國是不可行的。其婉轉自如的口才技巧令人嘆服。

晏子的這種做法也正是老子所說的以道來輔佐君王，不以兵強天下。

閱讀筆記

第三十一章　勝而不美

【原文】

夫兵者①，不祥之器，物或惡之②，故有道者不處。君子居則貴左③，用兵則貴右。兵者不祥之器，非君子之器，不得已而用之，恬淡④為上，勝而不美，而美之者，是樂殺人。夫樂殺人者，則不可得志於天下矣。吉事尚左，凶事尚右。偏將軍居左，上將軍居右。言以喪禮處之。殺人之眾，以悲哀蒞之⑤，戰勝以喪禮處之。

【注釋】

①夫兵者：夫是發語詞。兵者指兵器。

②物或惡之：物，指人。意為人所厭惡的東西。

③貴左：尚左、尚右、居左、居右都是古人的禮儀。古人以左是生位陽位，右則是陰位死位；辦喜事時貴左，辦喪事時貴右。

④恬淡：淡然、沉著。

⑤蒞之：到達、到場。

【譯文】

兵器啊，是不祥的東西，人們通常都厭惡它，所以有道的人不使用它。君子平時以左邊為貴，而用兵打仗時則以右邊為貴。兵器是個不祥的東西，不是君子

所使用的東西，萬不得已才使用它，最好是以淡然處之，勝利了也不要得意，如果自以為了不起，那就是喜歡殺人。喜歡殺人的人，是不可能得志於天下的。辦吉事時以左為上，辦凶喪事時以右為上。偏將軍在左邊，上將軍在右邊。這說明出兵打仗是用凶喪之事來對待。戰爭被殺的人很多，要以悲哀的心情對待；戰勝了，也要按照凶喪的禮儀來處理。

【經典解讀】

這一章老子緊接著上一章的論點繼續闡述，他說兵器實際上應該叫做凶器，因為它畢竟是用來殺人的。所有有道有德的人是不會使用它的，君子和用兵者是不一樣的，君子一般都以左邊為高貴，而用兵者一般都以右邊為高貴。而以右為貴也是人們辦喪事的習慣，可以看出來人們對待戰爭是按照喪事來處理的。

雖然兵器是不祥的東西，戰爭是悲傷的事情。但是它往往是達到和平的手段，在萬不得已的時候還是不可避免。那麼真的到了那樣的地步，又該怎麼對待戰爭呢？這一章裡老子不僅說要以悲傷和謹慎的態度來對待它，即使打了勝仗也不應該去慶祝。而且還進一步對戰爭的具體打法做了論述，提出了不戰而屈人之兵的，是戰爭最高的境界。老子說能夠盡量少殺人甚至不殺人而達到和平的目的那是最好不過的了。

【經典事例】

晏嬰力挫晉圖謀

在春秋戰國稱霸時期，諸侯紛立，戰亂不息。如果哪位謀士以不動干戈而制

服對方，那才算得上是高明的外交家，齊國的上大夫晏嬰就是那時一位有名的雄辯家。他以他的才智避免了許多戰爭。司馬遷將其比為管仲，推崇備至，用「不辱使命，雄辯四方」八個字來形容他的外交活動。

春秋中期，中原的強國晉國謀劃攻打齊國。為了探清齊國的形勢，便派大夫范昭出使齊國。范昭到了齊國，齊景公設盛大宴會款待晉國使者。席間，正值酒酣耳熱，范昭趁機藉酒勁對齊景公說：「請大王把酒杯借我用一下。」齊景公不知其意，便吩咐侍從：「把酒倒在我的杯中給上國使者！」范昭便接過侍臣遞給的酒，一飲而盡。

晏嬰在一邊把范昭的舉止和神色看在眼裡，厲聲命令侍臣：「撤掉這個酒杯！給國君再換一個。」因為依照當時的禮節，在酒席之上，君臣應是各自用個人的酒杯。范昭用景公的酒杯喝酒是對齊國國君的不敬。

范昭聽後，吃了一驚。於是，他乾脆佯作喝醉，站起身，邊舞還邊對樂師說：「請給我奏一曲成周之樂，以助酒興。」

樂師從晏嬰命令侍從撤杯的舉動中看出了范昭的用意，站起來對范昭說：「下臣不會奏成周之樂。」

范昭看出他的目的已被識破了，藉口已經喝醉，告辭回驛館去了。

齊景公見范昭不悅而去，便責怪晏嬰說：「范昭是上國使者，我們應以禮相待，怎麼能激怒人家呢？」

晏嬰回道：「范昭不過是以喝醉為名來試探我國的實力，為臣的這樣做，正是要挫傷他的銳氣，使他不敢小看我們。」

樂師也跟著說：「成周之樂是供天子使用的，范昭不過是個小小使者，他也太狂妄了。」齊景公這時才恍然大悟。

范昭回國後，向晉平公報告了在齊國的情況。他認為齊國有這樣的賢臣，現在去攻打齊國，絕對沒有勝利的把握，晉平公因而放棄了攻打齊國的打算。

現在人們所說的「折衝樽俎」的典故，就是來自晏嬰的事蹟，即靠外交的交涉使敵人放棄進攻的打算。這樣解決國際爭端的辦法不光是減少了兩國的消耗，同時也符合老子的戰爭只是作為解決問題的一種手段，而且是萬不得已的時候才使用的一種手段，能不使用就盡量避免殺伐的思想，是老子的道的思想在現實當中的靈活運用。

閱讀筆記

第三十二章　道常無名

【原文】

　　道常無名，樸①。雖小②，天下莫能臣③。侯王若能守之，萬物將自賓④。天地相合，以降甘露，民莫之令而自均。始制有名，名亦既有，夫亦將知止，知止可以不殆⑤。譬道之在天下，猶川谷之於江海。

【注釋】

　　①樸：樸實。這是指「道」的特徵。

　　②小：用以形容「道」是隱而不可見的。

　　③莫能臣：臣，臣服，使之服從。這裡是說沒有人能臣服它。

　　④自賓：自動服從。賓，服從。

　　⑤不殆：沒有危險。

【譯文】

　　道通常是沒有名字而樸實的。道雖是隱而不可見的，但天下沒有人能支配它。侯王如果能守住它，萬物將會自動歸從。天地間陰陽之氣相合，就會降下甘露，民眾沒有人去指使它而會自然分佈均勻。宇宙一開始有名分，名分有了，就該明白各自的限度，知道了各自的限度，就沒有危險了。道存在於天地間，就像江海，一切河川溪水都歸流於它。

【經典解讀】

　　這一章老子說天大地大道之為大，道是天地間最大的東西，它是天地間萬事萬物的主宰。它虛無、無名而樸實，但是天地間任何人、任何事物都不能主宰它、支配它，而只能順從它的規律。那些統治者們要是能夠守住道的話，不用他發號施令，天地間的萬事萬物都會自動的臣服於他。就連天地也會自動陰陽調和，適時的天下風調雨順，普降甘露潤澤萬物。天下的百姓也不用王侯下什麼強制性的命令，就能夠自發地均勻分配免去世間的一切紛爭。

　　老子說道雖然是虛無的、無名的。但是世間萬物從一開始產生的時候就已經有了各自的名分，名分有了就知道了各自的界限，就知道了什麼是應該做的、什麼是不該做的。知道了各自的界限，並能夠堅守這種限度這才能夠避免危險。

【經典事例】

凡事要量力而行

　　曾經有一位德高望重的武林大師隱居於山林中，有兩個年輕人，聽到他的名聲，便不遠萬里來尋找他，想跟他學習武術。

　　皇天不負苦心人，他們兩個走了很長時間，終於到達了大師隱居的那個深山。他們走到半路看到大師正從山谷裡挑水。他挑得不多，兩個木桶裡水都沒有裝滿。兩個人十分不解，按照他們的想像大師應該武功高強，力氣自然也大。他應該能夠挑很大的水桶，而且挑得滿滿的。

　　於是他們就問：「大師，您為什麼不把水裝滿呢？」

大師笑著說：「年輕人，挑水之道並不在於挑得多，而在於挑得夠用。一味貪多，反而會適得其反。」

兩個年輕人更加不解。

大師從他們之中拉了一個人，讓他重新從山谷裡打了兩桶滿水。

那個人挑得非常吃力，搖搖晃晃，沒走幾步，就跌倒在地，水全都灑了，那個人的膝蓋也摔傷了。

這時大師說道：「水灑了，不是還得回頭重打一桶嗎？膝蓋受傷了，走路更艱難了，不是比剛才挑得還少嗎？」

「那麼大師，請問具體挑多少，怎麼估計呢？」兩人問道。

大師笑道：「你們看這個木桶。」

眾人看去，桶裡劃了一條線。

大師說：「這條線是底線，水絕對不能高於這條線，高於這條線就超過了自己的能力和需要。起初還需要劃一條線，挑的次數多了以後就不用看那條線了，憑感覺就知道是多是少。有這條線，可以提醒我們，凡事要盡力而為，也要量力而行。」

他們又問：「那麼底線應該怎麼訂呢？」

大師說：「一般來說，越低越好，因為這麼低的目標容易實現，人的勇氣才不容易受到挫傷，反而會培養起更大的興趣和熱情，時間長了，自然會挑得更

多、挑得更穩。」

　　老子說：「知止可以不殆。」做事時不可貪多，制訂目標要切合實際，不可太高，凡事要盡力而為，也要量力而行。把握進退取捨的智慧與節度，也是生活與修行的重要功課。

閱讀筆記

第三十三章　自知者明

【原文】

知人者智，自知者明。勝人者有力，自勝者強①。知足者富，強行②者有志，不失其所者久，死而不亡③者壽。

【注釋】

①強：剛強、果決。

②強行：堅持不懈、持之以恆。

③死而不亡：身死而精神仍存。

【譯文】

能瞭解、認識他人是有智慧的，能認識、瞭解自己才算是聰明的。能戰勝他人是有力，能戰勝自己的弱點才算剛強。知道滿足的人才是富有的人，努力不懈地去奮鬥就是有志氣的，不離失本分的人就能長久，身雖死而不被遺忘的人才算真正的長壽。

【經典解讀】

看起來老子在這一章裡並沒有對於道和德再說什麼，而好像將一大堆的做人的格言警句放在了一起。其實還是沒超出道的範疇，這些只是道在修身處事方面的具體體現而已。也就是在這一章裡面老子將道講到了細處。

關於道在個人修養與自我建立方面的體現，老子說能夠瞭解別人的人可以說是有智慧的，但是只有能夠充分認識自己、瞭解自己的優缺點的人才能算得上真正的聰明。能夠打敗別人的人可以說是勇猛的，但是只有能夠戰勝自己的人才算得上真正的英雄。因為瞭解自己比瞭解別人更難，至於說要能戰勝自己那就更是難能可貴了。

要真正客觀地認識自己就必須要先戰勝自己心中的貪念，只有真正體念、親近道的人才能做到。能夠瞭解自己的人必是能夠摒棄內心私欲的人，這樣的人是值得崇敬的。只有充分瞭解了自己做事才能夠量力而行，才不至於脫離自己的本分，才能夠長久。

【經典事例】

人貴有自知之明

老子所說的「自知者明」，就是我們常說的人貴有自知之明。把人的自知稱之為「貴」，可見人是多麼不容易自知；把自知稱之為「明」，又可見自知是一個人智慧的體現。一個有自知之明的人，他所具有的品德是十分受人誇讚的。

戰國時齊國大臣鄒忌，就是一個有自知之明的人。鄒忌非常有才華、有才幹，頗有君子風範，而且長得相貌堂堂，身高八尺，體格魁梧，十分俊美。與鄒忌同住一城的徐公也長得一表人才，是齊國有名的美男子。

一天早晨，鄒忌起床後，穿好衣服、戴好帽子，在照鏡子的時候，他覺得自己長得的確與眾不同，於是隨口問妻子說：「妳看，我跟城北的徐公比起來，誰長得好看？」

他的妻子走上前去回答說：「你長得多好看啊！那徐先生怎麼能跟你比呢？」

鄒忌心裡有點不相信，因為他知道住在城北的徐公是大家公認的美男子，自己恐怕還比不上他，所以他又問他的妾，說：「我和城北徐公相比，誰俊美些呢？」

他的妾連忙說：「徐公怎麼能比得上你呢？」

這時有位客人來訪，鄒忌陪他坐著聊天，就順便又問客人說：「您看我和城北徐公相比，誰俊美？」

客人毫不猶豫地說：「徐先生比不上您，您比他俊美多了。」

第二天，城北徐公到鄒忌家登門拜訪。鄒忌仔細地看徐公的相貌，他自覺自己長得不如徐公。他偷偷從鏡子裡面看看自己，再轉過頭來瞧瞧徐公，結果更覺得自己長得比徐公差。

晚上，鄒忌躺在床上，他想我明明不如徐公美，為什麼妻、妾和那個客人卻都說自己比徐公俊美呢？想著想著他總算得出了結論。自言自語地說：「原來他們都是在恭維我啊！妻子說我美，是因為她偏愛我；妾說我美，是因為害怕我；客人說我美，是因為有求於我。看起來，我是受了身邊人的恭維讚揚而認不清真正的自我了。」

這個故事給我們一些啟示，一個人倘若能在一片讚揚聲中保持清醒的頭腦，特別是居於領導地位的人，才不至於迷失方向。這也正是老子所說的，能認識和瞭解自己的人才算是最聰明的人。

第三十四章 可名為大

【原文】

大道氾^①兮，其可左右。萬物恃之以生而不辭^②，功成而不有。衣養萬物而不為主^③，常無欲，可名於小^④；萬物歸焉而不為主，可名為大^⑤。以其終不自為大，故能成其大。

【注釋】

①氾：同泛，廣泛之意。

②辭：推辭、辭讓。

③不為主：不自以為主宰。

④小：渺小。

⑤大：偉大。

【譯文】

大道是廣泛無垠的，它左右上下無所不在。萬物依賴它而生存而它並不推卸，它生長萬物有功而不矜居功勞。它養育萬物而不自以為主宰，一直沒有所求，可稱它為小；萬物歸附它而不自以為主宰，可以稱它為「大」。 正因為它不自以為偉大，所以才能成就它的偉大。

【經典解讀】

這一章老子主要是在闡述道的大，老子說道是非常的大的，是非常的廣泛的。這裡的大可以說道無所不在的普遍性，又可以理解為道生萬物而不自居的包容性。說道的普遍性，它上下左右無所不在，萬事萬物都是道的具體體現。說它的包容性，那就是世間的事物依賴它而生存，順應它的規律而發展，但是它並不對任何事物做過多的干涉。它並不覺得天地之間它才是最大的。

老子的這些說法既可以說他是在論道也可以說他是在教人，把它看成是老子對於做人做事的看法也並不會顯得牽強。尤其是最後一句，「以其終不自為大，故能成其大。」不管放在什麼時候它都有著非常積極的現實意義，對有志於天下的聖人來說，你能否道寡稱孤你自己說了不算，那得看天下人的意思，大家都擁護你那你就是天下的君王，要是別人不擁戴你你自己硬要說是，那就只能說你是癡人說夢，要是你還用了強制性的手段那就叫做喪心病狂了。對於一般人來說也是這樣，有這樣一句話，說面子永遠都是別人給的，自己往臉上貼金那不算數，說的也就是這個道理。

【經典事例】

龔遂不居功

自古以來，因為自己功高蓋主而惹禍上身的人還少嗎？在封建社會裡，「功高蓋主」是為臣者的大忌。龔遂是我們值得學習的一位，他不自表其功，不自矜其能，這樣才能使自己永保平安。

龔遂是漢宣帝時代一名能幹的官吏。當時渤海（今河北倉縣東）郡及其附近

地區發生災荒，農民起義並起，皇室多次派兵鎮壓而不能平息。宣帝派年已70餘歲的龔遂去任渤海太守。

龔遂採取「唯緩之，然後可治」以及安撫教化的主張，他赴任至郡境，災民便發兵相迎，致使不得入境。於是龔遂遂以文書佈告吏民，命令解除鎮壓農民起義的官吏，規勸起義者歸田。並開倉廩，濟貧民，選良吏，施教化，勸農桑。佈告發出後，官民對峙局面迅速緩和。龔遂不帶兵卒，單車獨行赴任，郡中翕然。龔遂開倉廩，濟貧民，選良吏，施教化，勸農桑。農民起義隊伍看到龔遂的安撫教令，紛紛解散歸田，經過幾年治理，渤海一帶社會穩定，百姓安居樂業，溫飽有餘，龔遂名聲大振。

於是，漢宣帝召他還朝，他的一個屬吏王先生，請求隨他同去長安，說：「我對你會有用的！」其他屬吏卻不同意，說：「這個人，一天到晚喝得醉醺醺的，又好說大話，還是別帶他去為好！」龔遂說：「他想去就讓他去吧！」

到了長安後，這位王先生還是終日沉溺狂歡，也不見龔遂。可是有一天，當他聽說皇帝召見龔遂時，便對看門人說：「去將主人叫到我的住處來，我有話要對他說！」

龔遂還真的來了。王先生問：「天子如果問大人如何治理渤海，大人應如何回答？」

龔遂說：「我就說任用賢才，使人各盡其能，嚴格執法，賞罰分明。」

王先生連連搖頭道：「不好！不好！這麼說豈不是自誇其功嗎？請大人這麼回答：『這不是微臣的功勞，而是天子的神靈威武所感化！』」

龔遂這時突然明白了他的用意，高興的接受了他的建議。

當漢宣帝問起時，龔遂照那個屬吏的話回答了。宣帝果然十分高興，便將龔遂留在身邊，任以顯要而又輕閒的官職。

這個叫龔遂的官吏之所以後來能夠官運亨通，就是因為他聽了屬吏的勸告，沒有將所有的功勞都加在自己身上。這就符合了老子的「功成而不有」的道的理論，既然他是順應道的，是符合事物的規律的，那他的通達也就是情理之中的事情了。

閱讀筆記

第三十五章　道之出口

【原文】

執大象①，天下往。往而不害，安平太②。樂與餌③，過客止，道之出口，淡乎其無味，視之不足見，聽之不足聞，用之不足既④。

【注釋】

①大象：大道之象。

②安平太：安，乃、則、於是。太，同「泰」，安寧的意思。

③樂與餌：音樂與美食。

④既：盡的意思。

【譯文】

掌握大道的法象的人，天下的人便都來向他投靠。投靠他而不去相互殘害，天下將會穩定太平。音樂和美食，能使過路人停止前進的腳步，道用語言來表述，是平淡而無味的。看它看不見，聽它聽不著，然而道的作用卻是無窮無盡的。

【經典解讀】

和前面的一些章節一樣，在這一章裡老子再一次強調了道的作用和影響。他

堅信能夠掌握大道並能夠遵循道的規律行事的人，天下的人都會自動的去投靠他。他以道來治理天下也一定能夠使得天下萬民不爭，社會穩定。但是面對現實老子不免有那麼一點遺憾，現實當中有那麼一些求道者因為被私利和物欲絆住了腳步。對於這些現象老子不無痛心地說，這也許是因為道要是用語言來表達的話好像是淡而無味的。看它看不見，聽起來也不那麼悅耳，好像遠遠不如觀看歌舞來得舒服。但是道，它的作用是那樣的巨大，親近道它能夠讓你享用不盡。怎麼能夠因為貪戀聲色而迷失道呢？

其實這裡還不光是講道不為世人所接受的遺憾，還透露了老子對人民疾苦的關心。這得把這些話放到當時的社會背景中來看，老子生活在諸侯混戰的時代。那時候各諸侯國的大臣們都只顧著自己享樂，很少去關注人民的疾苦。老子這是在告誡那些為官者，不要因為貪圖享受而背離了道，要知道那才是能讓百姓擁戴你們的呀，這樣不關心人民的死活又怎麼能夠長久呢？

【經典事例】

郭子儀侍奉妻女

郭子儀是唐朝著名的軍事家。武舉出身。安史之亂時任朔方節度使，在河北打敗史思明。後連回紇收復洛陽、長安兩京，功居平亂之首，晉為中書令，封汾陽郡王。唐德宗即位後，被尊為尚父。

在郭子儀為汾陽郡王時，有一次，郭子儀手下的一位將軍即將出征，特意前來向郭子儀辭行，走到門口，他看郭府的大門大開，也沒有看守的人在，這位將軍就直接來到郭子儀的房前。此時郭子儀的妻子和女兒正在梳妝打扮好像準備出

門，郭子儀則在一旁伺候，夫人叫：「相公，拿毛巾給我。」郭子儀便乖乖地拿著毛巾遞給夫人。不一會兒女兒又說：「父親，我要洗臉。」郭子儀就連忙端來洗臉水，幫女兒洗臉。剛幫女兒洗完臉，夫人又叫：「快過來幫我梳梳頭！」郭子儀又立刻跑到夫人那裡伺候，十足就是一個僕人的形象。

這位將軍看到這種情況一時不知道該怎麼辦，自己心想看到郭大將軍伺候妻子、女兒梳妝，這對郭將軍來說是很難堪的一件事，而且有辱他大將軍的尊嚴，因而現在不宜上前說話。於是，這位將軍便在門前等候。

過了好一陣子，待郭子儀的夫人和女兒梳洗完畢，準備出門的時候，才發現了這位將軍。他不好意思地說：「郭將軍，小人特地來向您辭行。」郭子儀看到他難以啟齒的樣子，馬上就明白了。於是，哈哈大笑，將他請進屋裡，說：「我是習慣了，平時都是這麼伺候她們的。」

這位將軍拜別郭子儀後，一邊走一邊想，越想越覺得不對勁，郭大將軍身為郡王，怎麼還像僕人一樣伺候夫人和女兒，這也太不像話了，更不像話的是他還開著大門，讓來人都看到了，這有辱我大唐將軍的威嚴啊！

於是，他在臨走之前召集郭子儀的弟子們，和他們說了自己看到的「不該看到的一幕」，其他人也都說，自己也碰到過這樣的情況。大家商量好一起去說服大將軍不要這樣不顧身分。

可是，無論他們怎麼勸阻，郭子儀就是不聽，仍舊堅持己見。弟子們急得團團轉，說：「大將軍，您功名顯赫、德高望重，卻不知道自重、自愛。不論貴賤，什麼人都可以在您的寢室裡隨便走動，我們認為就是伊尹、霍光那樣賢德的大臣也不應該這樣啊！」

　　郭子儀笑笑說：「我知道，我現在的做法是一般人都不能夠理解的，但是，你們想一想，我們家現在有四、五百匹馬吃公家的糧草，一千多人吃公家的糧食，所以進退沒有什麼餘地。如果我圍起高牆，緊閉大門，不和外面來往，一旦有人與我結仇，誣陷我不守臣子的法度，再加上那些貪圖功利、嫉賢妒能的人煽風點火，我們全家不就會性命難保嗎？」

　　他又說道：「我的府第雖在京城最繁華的地段，我故意將大門敞開，不論是自家人還是過往行人都可以隨便出入郭府，沒有任何限制。這樣越是透明越是沒有人能夠誣陷我了！」

　　當時的郭子儀是權傾朝野的寵臣，如果整天在將軍府裡不出來的話，那些深宅大院就會將他和天下百姓隔開。百姓就不會知道他在做什麼，就會想當然的以為他整天花天酒地。然而這就不符合有德者治天下的規律，就會為自己招來禍患。他讓行人都可以在他的房前經過，就是向世人表明在他眼裡沒有貴賤之分，並不以為民眾是卑賤的。這就符合了老子以道治國的思想。

第三十六章　國之利器

【原文】

　　將欲歙①之，必固②張之；將欲弱之，必固強之；將欲廢之，必固興之；將欲奪之，必固予之。是謂微明③，柔弱勝剛強。魚不可脫④於淵，國之利器不可以示人。

【注釋】

　　①歙（ㄒㄧˋ）：收斂、收合。

　　②固：暫且。

　　③微明：微妙。

　　④脫：離開、脫離。

【譯文】

　　想要收斂它，必先擴張它；想要削弱它，必先加強它；想要廢除它，必先抬舉它；想要奪取它，必先給予它。這就叫做雖然微妙而又明通的道理，柔弱戰勝剛強。魚的生存不可以脫離水，國家的銳利武器不可以輕易向人炫耀。

【經典解讀】

　　本章老子以「柔弱勝剛強」的辨證觀點為道的獨特作用提供理論根據。以「將欲歙之，必固張之」等為抽象例證，主要講了事物的雙重性和矛盾轉化辨證

關係，同時以自然界的辨證法比喻社會現象，引起某些人的警覺注意。

在老子講到的歙與張、弱與強、廢與興、奪與予這四對矛盾的對立統一體中，老子寧可居於柔弱的一面。因為老子深刻地認識到柔弱的東西裡面蘊含著內斂，往往富於韌性，生命力旺盛，發展的餘地極大。而那些看起來好像很強大的事物，由於已經達到了自身發展的鼎盛時期，按照事物發展的規律和矛盾的對立統一的觀點來看，它的下一步就必然走向衰弱。

【經典事例】

獅子和蚊子

老子所講的「物極必反」大家都明白這個道理，過於顯示自己的強大，往往會給自己帶來傷害。下面這則寓言故事講述的就是這個道理。

在歡樂的動物世界裡，也有屬於牠們自己的煩惱。那就是所有的小動物一看見威風凜凜的獅子，就會立刻遠遠躲開，以免惹怒了這位百獸之王。

獅子覺得：「在這個領域裡，所有動物都怕我，所以我是最偉大、最了不起的國王！」

一天天氣非常炎熱，獅子便來到了陰涼的樹蔭下，打算好好睡個午覺。

忽然，牠耳邊響起一陣「嗡嗡」聲，獅子睜眼一看，原來有隻蚊子正在牠的頭頂上方飛舞。獅子憤怒地說：「滾開，別打擾我睡覺！」蚊子被激怒了，尖聲叫起來：「啊，你這可惡的傢伙，自以為最了不起，別的小動物都怕你，我可不怕。」

獅子譏諷地說：「就憑你也敢向我挑戰？我打敗了無數強悍的對手。至於你這小小的蚊子，我只用兩根手指就能把你捏扁！」

蚊子毫不畏懼地說：「你引以為傲的力量是什麼呢？你只知道用爪子抓，用牙齒咬。而我則比你厲害得多。要是你不服，我們不妨來比試一下！」

獅子氣極了，伸出爪子撲了幾下，想抓住這隻小蚊子。可是蚊子輕盈地飛舞著，獅子怎麼也抓不住牠。獅子氣得暴跳如雷，牠大聲吼叫，拼命地揮舞利爪，恨不得把蚊子撕成碎片。可是蚊子依然在牠頭頂上方盤旋，並且諷刺地說：「你的爪子和牙齒對我都沒用，現在應該讓你嚐嚐我的厲害了！」

蚊子吹著喇叭，飛快地向獅子衝去，在牠的身上叮了好幾口。

此刻的獅子被蚊子叮得難受，於是便使出渾身的力氣拼命地向遠處跑去。

蚊子見獅子落荒而逃，高興極了，為自己的勝利而感到自豪。蚊子打敗了獅子實在是太得意了，根本沒有注意到樹枝間隱藏著一張蜘蛛網。當牠飛過去的時候，一頭撞在網上，立刻被牢牢粘住了。

蚊子粘在蜘蛛網上動彈不得。不幸的蚊子見前來吃牠的蜘蛛愈爬愈近，情不自禁地傷心痛哭，哭起自己的命運：「哎，我真倒楣啊！我曾打敗了王中之王，自以為很了不起了，可是眼前卻要被一隻不足掛齒的小昆蟲──蜘蛛吃掉了。」

驕傲自大、嘲笑、欺凌弱者，最後往往會使自己也不會有好下場的。對於我們每個人來說，無論自己比別人強多少，都不要把自己的強大過於顯現，否則往往會失去發展的前景。

第三十七章 道常無為

【原文】

道常無為而無不為①。侯王若能守之②，萬物將自化③。化而欲④作，吾將鎮之以無名之樸⑤，鎮之以無名之樸，夫將無欲。不欲以靜，天下將自定⑥。

【注釋】

①無為：指順其自然發展。「無不為」：是說沒有一件事是它所能為的。

②守之：即守道。

③自化：自我化育、自生自長。

④欲：指私欲。

⑤無名之樸：「無名」指道。「樸」形容道的真樸。

⑥自定：又作「自正」。

【譯文】

道永遠是順任自然的，卻又沒有一件事是它所能為的。侯王如果能遵守道的法則，那麼萬事萬物就會按自然規律而得以充分發展。自生自長而產生貪欲時，我就要用道的真樸去整治它。用道的真樸來鎮服它，那樣人們就不會產生貪欲之心了。沒有了貪欲之心必然會清淨無為，天下便自然而然達到安定。

本章作為老子《道經》的最後一章，主要是再次強調了治國之道在於無為，治民之道在於使民無欲。統治者要按照道的原則來治理國家，順任自然，百姓們將會自由自在，自我發展。對於老百姓的違道作亂，也要用道的真樸去鎮住他。

統治者如果可以依照道的法則為政，不危害百姓，不胡作非為，老百姓就不會滋生更多的貪欲，他們的生活就會自然、平靜，那麼社會便會自然而然達到穩定。相反，如果人們產生貪欲之心，那麼統治者應該以道的真理去制服他，只有使人們沒有了貪欲之心，國家自然會安定。

貪婪的小鯊魚

老子說：「不欲以靜，天下將自定。」人們沒有了貪欲之心必然就會清淨無為，而國家自然而然會達到安定。可見貪欲之心是不可有的，官員如果有了貪欲之心，那麼他最後將難逃法網，落得身敗名裂。人一旦有了無法滿足的欲望時，那麼他不但不會讓自己得到更多，而是連原來得到的也將會失去，這讓我想起了一則關於小鯊魚的寓言故事。

從前在深海裡，生活著一隻小鯊魚，小鯊魚長大後和魚媽媽一起學習了如何覓食的本領。

一天，魚媽媽對小鯊魚說：「孩子，你已經長大了，也學會了如何捕捉食物，應該離開我去獨自生活。」小鯊魚也覺得應該自己獨立去生活了。於是，

告別了魚媽媽去尋找屬於自己的一片天地。小鯊魚尋覓到了一個小海溝，牠看那裡的魚群挺多，食物來源很豐富。就選定了這個地方。

一個月過去了，這天鯊魚媽媽在小海溝裡看到了小鯊魚，但是牠被兒子現在的樣子嚇了一跳。小鯊魚看上去很消瘦好像營養不良。鯊魚媽媽觀察了一下牠所在的環境，牠想環境如此優越，牠應該在這裡變得更強壯才是啊！究竟出了什麼問題呢？牠正要過去問小鯊魚，卻看見一群大馬哈魚游了過來，而小鯊魚也有了精神，正準備捕食。

於是鯊魚媽媽便躲在一邊，看著小鯊魚隱蔽起來，等著馬哈魚到自己能夠攻擊到的範圍。一條馬哈魚先游過來，已經游到了小鯊魚的嘴邊，也絲毫沒有感覺到危險。鯊魚媽媽想，這下兒子可以美食一頓了，可是出乎牠意料的是，小鯊魚卻連動也沒有動，眼睛緊盯著遠處的幾隻馬哈魚。

接著兩條、三條、四條，越來越多的馬哈魚游近了，可是小鯊魚卻還是一動也不動，這時牠看遠處已經剩下不多的馬哈魚時，小鯊魚急躁起來，兇狠地撲了過去，可是距離太遠，馬哈魚們輕鬆擺脫了追擊。

鯊魚媽媽追上小鯊魚問：「為什麼不在馬哈魚在你嘴邊的時候吃掉牠們？」

小鯊魚說：「媽媽，您難道沒有看到，我也許能得到更多。」

鯊魚媽媽搖搖頭說：「孩子，不是這樣的，在我們生活當中，欲望是永遠無法得到滿足的，但機會卻是有限的。貪婪不會讓你得到更多，甚至連原本能得到的也失去了。」

　　其實我們人何嘗不是呢？人一旦有了貪欲之心，那是很可怕的。他有可能因此而斷送了自己的前程。而且當一個人被欲望所奴役時，他就不可能實現自己的人生價值。只有去除欲望，才能回歸本心，才能生活得愉快和自由。

閱讀筆記

下篇 德經

第三十八章 上德不德

【原文】

　　上德①不德，是以有德；下德不失德②，是以無德③。上德無為而無以為④；下德無為而有以為。上仁為之而無以為；上義為之而有以為。上禮為之而莫之應，則攘臂而扔之⑤。

　　故失道而後德，失德而後仁，失仁而後義，失義而後禮。夫禮者，忠信之薄⑥，而亂之首。前識者⑦，道之華，而愚之始。是以大丈夫處其厚⑧，不居其薄⑨；處其實，不居其華。故去彼取此。

【注釋】

①上德：具備高尚品德的人。

②下德不失德：道德低下的人恪守形式上的「德」。不失德即形式上不離開德。

③無德：無法體現真正的德。

④無以為：以，心、故意。無以為，即無心作為。

⑤攘臂而扔之：攘臂，伸出手臂；扔，意為強力牽引。

⑥薄：不足、衰薄。

⑦前識者：先知先覺者，有先見之明的人。

⑧處其厚：立身敦厚、樸實。

⑨薄：指薄禮。

【譯文】

　　具備高尚品德的人不彰顯德名，因此實際上是真正有德；道德低下的人張揚德名以示不失德，因此實際上未達到德。具備高尚品德的人順應自然而無心作為，道德低下的人順應自然而有心作為。有仁愛的人的作為是不恃德名的；有道義責任感的人的作為則顯擺德名；於禮範儀軌的人的作為如果沒有得到相對的應答，於是就揚臂使人強從。

　　所以，失去了道而後才有德，失去了德而後才有仁，失去了仁而後才有義，失去了義而後才有禮。所謂禮，是忠信不足的表現，而且是社會禍亂的開端。所謂有先見之明的人，不過是道的虛華，由此愚昧開始產生。所以大丈夫立身敦厚，不取薄禮；存心樸實，不居於虛華。所以要棄澆薄虛華而採取樸實敦厚。

【經典解讀】

　　本章作為《德經》的開篇，老子首先向我們揭示的是：有德與無德的概念與行為的區分。道的屬性表現為德，凡是符合於道的行為就是有德，反之，則是失德。道與德不可分離，但又有區別。老子認為「道之華」為「愚之始」，即高尚的道德是純真樸實的，如果偏於虛華，則是愚昧的開始。大丈夫應該樸實敦厚，不居於虛華。

【經典事例】

韋詵擇婿

　　唐玄宗時，韋詵任潤州刺史，裴寬當時是他的下屬，在潤州做參軍。

韋詵有一個女兒，已到了談婚論嫁的年齡了。雖然幾乎每天都有人上門提親，但他卻一個也相不中。不是嫌這個學問差，就是嫌那個品德不好。韋詵要為女兒找一個德才兼備的女婿。

　　這天，韋詵辦完公事，來到自家的花園散步，想起女兒的事情便發起愁來。他想怎麼就沒有一個合適的人選呢？他在花園中踱來踱去，不知不覺走到了二樓走廊，他無意中往遠處望去，發現花園裡有個人，只見那個人拿著小鏟挖了個小坑，然後從懷中掏出一包東西，埋到了小坑裡，然後又小心地把土蓋好。韋詵覺得奇怪，就命下人去看看到底是怎麼回事。

　　下人回來稟報說：「那個人是裴寬。有人送給他一大塊鹿肉乾，但沒留下姓名放在門前就走了，他不想收人家的東西，又無法退還給人家，所以只好把它埋了起來。」韋詵聽了點頭表示讚許。又命人去打聽一下裴寬的為人，下人們回來稟報說：「裴寬為人清廉，一向不收人家的賄賂，生怕玷污了自己的家門。裴寬雖貌不驚人，但文詞、騎射、彈棋樣樣都是高手。」

　　韋詵聽後，對裴寬的為人讚嘆不已。

　　只聽別人這樣說裴寬，韋詵還是有點不放心。於是他為了再考驗一下裴寬，便設了一計。他命手下人去請裴寬，就說自己要請裴寬到家裡來喝酒。裴寬接到刺史的請柬當然不敢怠慢，慌忙收拾了一下就來赴宴。席間兩人談得十分投機，韋詵假裝說：「裴寬啊，自從我上任以來，你在我身邊也立下不少的功勞，我看你現在住的房子太差了，打算為你蓋一所宅院，以供你居住。」裴寬聽到這話，慌忙放下手中的酒杯，跪在韋詵面前，說：「大人，輔佐您只不過是盡自己的責任罷了，我並沒有什麼功勞，您為何要賞賜我呢？」韋詵悄悄地說：「你不必驚

慌，我這是偷偷送給你的，別人不會知道的，以後你助我多聚斂些錢財，到時一定有你的好處。」裴寬頓時臉色大變，厲聲說：「大人，我原本還以為您是個清官，不料您也是如此……大人，我請求辭官。」說完起身就要離去。

韋詵看裴寬果真清廉、有志氣，而且還能做到有人監督和沒人監督時一個樣。有人監督和沒人監督時一個樣那是慎獨。於是大笑說：「裴寬，我剛才只不過是試探你的，果然不錯，是個人才。我決定把女兒嫁給你了！」裴寬又驚又喜。

第二天，裴寬來到未來的老丈人家接受形象審查。裴寬也沒什麼好衣服，就挑了一件綠色的相對新一些的衣服。他這個人體型特別，長且瘦，穿了這件衣服，十足像個小丑。

韋詵家的女眷們坐在簾子後面準備評頭論足。女眷們一看見來了一個這等模樣的人笑得前仰後翻，其中有人反應極快，隨即給裴寬取了個綽號，叫作「鸛鵲」——一種體型和鶴差不多，腿長、脖子長、嘴長的禽鳥。

韋詵的妻子卻笑不出來，她躲在帷帳後面哭泣。自己的丈夫挑來挑去竟然挑中這樣一個人作為女婿，帶出去豈不是讓人恥笑。韋詵堅持自己的觀點，他對妻子說：「我疼愛自己的女兒，就應該讓她成為有品德的人的妻子。裴寬雖然其貌不揚，但是他為人清廉，將來一定能成大事，妳怎麼能以貌取人？」

韋詵的眼力確實沒有錯，沒過多久，裴寬就被朝廷重用，前後任刑部員外郎、戶部尚書兼御史大夫、禮部尚書等職。裴寬為官正直不阿，在朝中時，不怕得罪權貴，不肯徇私；任地方官時，很有政績，受到百姓的愛戴。

老子曰：「是以大丈夫處其厚，不居其薄；處其實，不居其華。」所謂大丈夫要立身敦厚，不取薄禮；存心樸實，不居於虛華。而裴寬才是真正老子所說的具有大丈夫的行為，所以他才能夠受到眾人的尊敬與愛戴。

閱讀筆記

第三十九章　萬物得一

【原文】

昔之得一①者，天得一以清；地得一以寧；神得一以靈②；谷得一以盈，萬物得一以生；侯王得一以為天一正③。其致之也，謂天無以清④，將恐裂；地無以寧，將恐廢；神無以靈，將恐歇⑤；谷無以盈，將恐竭⑥；萬物無以生，將恐滅；侯王無以正，將恐蹶⑦。故貴以賤為本，高以下為基。是以侯王自稱孤、寡、不穀⑧。此非以賤為本邪？非乎？故至譽無譽。是故不欲琭琭⑨如玉，珞珞⑩如石。

【注釋】

①得一：即得道。

②靈：靈性或靈妙。

③正：意安定。

④天無以清：天離開道，就得不到清明。

⑤歇：消失、絕滅、停止。

⑥竭：乾涸、枯竭。

⑦蹶：跌倒、失敗。

⑧孤、寡、不穀：古代帝王自稱為「孤」、「寡人」、「不穀」。不穀即不善的意思。

⑨琭琭（ㄌㄨˋ）：形容華美的樣子。

⑩珞珞（ㄌㄨㄛˋ）：形容堅固的樣子。

【譯文】

從前凡是得到過道的，天得到道而清明；地得到道而寧靜；神得到道而英靈；河谷得到道而充盈；萬物得到道而生長；侯王得到道而天下安定。推究其理，天如果不清明，恐怕將會崩裂；地如果不安寧，恐怕將會震潰；神如果不能保持靈性，恐怕將消失；河谷如果不能保持流水，恐怕將乾涸；萬物如果不能保持生長，恐怕將絕滅；侯王如果不能保持清靜，恐怕將傾覆。貴以賤為本，高以下為根基，所以侯王們自稱是「孤」、「寡」、「不穀」，這不就是以賤為根本嗎？不是嗎？所以最高的榮譽無須讚美稱譽。因此不追求晶瑩如寶玉，而寧願像堅硬山石。

【經典解讀】

在這一章裡老子再一次重申「一」，也就是道的普遍性和重要性。老子說古時的聖人曾經得到過道，那時候天因為得到了道而清明，地也因為順應了道而安寧，神靈因為親近了道而顯得英明，萬物因為有道的呵護而茁壯地成長，江河的水也因為合乎道的規律而總是滿滿的。從根本上來說這都是因為得道的原因，要是不因為順應道，那天下萬物就會呈現另一番景象。

他這還是在告誡那些統治者，治理天下也要從道出發，如果脫離了道那他們的統治也不會長久。老子同時還告誡他們要學會辨證地看待問題，要知道賤是貴的基礎，低是高的基礎。你們之所以能夠高高在上也是因為以普天下的民眾作為基礎，你們最大的榮譽不在於你們地位有多高，也不在於你們穿著打扮有多亮

麗，老百姓的擁戴才是最值得高興的。

【經典事例】

人貧道不貧

唐朝，天臺山有座國清寺。有一位叫豐干禪師的就住在國清寺。這天，天氣格外晴朗，他像往常一樣到松林裡去散步，走到山道旁邊，忽然聽到一個小孩的啼哭聲，他隨著聲音走過去，原來是一個稚齡小孩。小孩的衣服雖很不整齊，但他的相貌非常奇偉。

豐干禪師抱著小孩到附近的村莊，問了許多人家，都沒有人知道這個孩子是誰家的。豐干禪師不得已，只好把這男孩帶回國清寺，等待人家來認領。因他是豐干禪師撿回來的，所以大家都叫他「拾得」。

拾得就在國清寺安住了下來，國清寺的禪師們都很喜歡他，時間一年年過去，始終沒有人來認領拾得。拾得也漸漸長大了，上座就讓他擔任寺院行堂（添飯）的工作。

由於拾得平時對人和善，所以他結交了不少道友。其中有一個名叫寒山，拾得與他相交最為莫逆。兩個人沒事時經常在一起聊天。因為寒山家庭比較貧困，拾得就將齋堂裡吃剩的飯渣用一個竹筒裝起來，給寒山背回去食用。

有一天，寒山問拾得：「如果世間有人無端誹謗我、欺負我、侮辱我、恥笑我、輕視我、鄙賤我、厭惡我、欺騙我，我該怎麼做才好呢？」

拾得回答道：「你不妨忍著他、謙讓他、任由他、避開他、耐煩他、尊敬他、不要理會他。再過幾年，你且看他如何。」

寒山再問道：「除此之外，還有什麼處事秘訣，可以躲避別人惡意的糾纏呢？」

拾得回答道：「彌勒菩薩偈語說：『老拙穿破襖，淡飯腹中飽；補破好遮寒，萬事隨緣了；有人罵老拙，老拙只說好；有人打老拙，老拙自睡倒；有人唾老拙，隨他自幹了；我也省力氣，他也無煩惱。這樣波羅蜜，便是妙中寶。若知這消息，何愁道不了？人弱心不弱，人貧道不貧；一心要修行，常在道中辦。』如果能夠體會偈中的精神，那就是無上的處事秘訣。」

應對誹謗、欺負、侮辱、恥笑、輕視、鄙賤、厭惡、欺騙的最好辦法是忍讓、謙讓、任由、避開、耐煩、尊敬、不理會。這正是老子講的得道之人的行為。

第四十章 物生於有

【原文】

反者①道之動，弱者②道之用。天下萬物生於有③，有生於無④。

【注釋】

①反者：循環往復。

②弱者：柔弱、渺小。

③有：這裡指道的有形質。

④無：虛無。此處的「無」指超現實世界的形上之道。

【譯文】

循環往復的運動變化，是道的運動所在，微妙柔弱是道運動法則的作用。天下的萬物產生於實有，實有又產生於虛無。

【經典解讀】

本章只有兩句完整的話，也就是二十幾個字。但卻講了「道」的運動變化規則，同時也再一次強調了「道」生萬物的重要作用。老子用字的簡練在這裡也可以略見一斑。

「反者道之動」關於這個「反」歷來有兩種不同的解釋，一種解釋認為萬事

萬物當中相對立的兩方面都朝著自己相反的一方轉化，這是萬物發展變化的根本原因。另一種解釋認為循環往復才是事物運動變化的規律。但這兩種不同的解釋都同時揭示了同一個事實，那就是老子認為事物都是處於不停的運動變化當中的。這一點在當時是具有超時代意義的，但是老子認為這種運動是無條件的、絕對的。這就忽視了變化當中某些條件的作用，可以看作是當時時代的侷限。

【經典事例】

徐文長智取糕點

明朝嘉靖時，有一年災荒，有一個農夫徐文長，他的莊稼沒有收成，他只得趕路到別處去生存。大熱天的走了大半天了，實在是又累又餓呀！看見前面有一個小涼亭便去休息一下再趕路。

走到一看，有個胖子商人正在那裡打瞌睡，身邊還放著兩包糕點，飢腸轆轆的徐文長便挨著他坐下。這時商人醒了，生氣地說：「正在做夢，被你吵醒了！真晦氣！」

徐文長問：「不知先生做的是什麼夢啊？」

商人譏笑著說：「我們有錢人一向就做好夢，不像那些窮鬼，老做噩夢。」

徐文長說：「不見得！我們當場比比好嗎？」

胖子說道：「好！如果我輸了，這點禮品送給你；你輸了，就一路給我撐傘、打扇。」

徐文長道：「好！」

兩人說定後，對天發誓，如果反悔，當受懲罰！最後雙方又認認真真地抽籤，看誰躺在什麼地方，誰先閉眼睡。

兩人依約躺下後，胖子不一會兒就呼呼的睡著了。徐文長此時哪裡還睡得著，肚子早餓得「咕咕」叫了。徐文長早有主意，他先把商人的那些糕點全吃了。一會兒，商人醒了，說：「剛才，我夢見皇帝宴請我，席上，四時果品，南北糕點，天下名酒，海內佳餚，應有盡有。皇后勸飲，公主把盞，宮娥打扇。世間還有比我這個夢更好的嗎？」他滿以為自己一定取勝，說完就得意洋洋。

徐文長不疾不徐地聽著商人的敘述，一邊聽，一邊還不時地打哈欠，好像他的睡夢還沒有醒一樣。商人急得連連催叫：「快說呀！你做的什麼夢？」徐文長揉揉眼睛，終於開口說話了：「真巧啊！剛才我也夢見皇上宴請我，還看到你也在那裡。我對你說：『你如今身在皇宮，可不要忘了涼亭裡還放著的糕點呢！』你說：『皇宮裡的東西好吃得很，那涼亭裡的糕點就給你吃了吧！』我就回涼亭，把糕點全吃啦！你的夢一醒來，沒有所得，反有所失，我的夢一醒來，沒有所失，卻有所得。現在你說到底誰的夢好？」

商人真是又氣又沒話可說，只好認輸了。

老子說：「天下萬物生於有，有生於無。」徐文長正是利用了有與無之間的那種微妙的關係，不僅贏得了這場賭局，更主要的是贏得了美味佳餚，填飽了那飢腸轆轆的肚子！

第四十一章　大象無形

【原文】

上士^①聞道，勤而行之；中士聞道，若存若亡；下士聞道，大笑之。不笑不足以為道。故建言^②有之：明道若昧，進道若退，夷道若纇^③。上德若谷；廣德若不足；建德若偷^④；質真若渝^⑤。大白若辱；大方無隅^⑥；大器晚成；大音希聲；大象無形；道隱無名。夫唯道，善貸^⑦且成。

【注釋】

①上士：官名。古代天子諸侯都設有士，分上士、中士、下士三等。在此意指道德高尚之人。

②建言：立言。

③夷道若纇（ㄌㄟˋ）：夷，平坦的路；纇，崎嶇不平的路。

④偷：意為惰。

⑤質真若渝：渝，變汙。質樸而純真好像渾濁。

⑥大方無隅：隅，角落、稜角。最方整的東西卻沒有角。

⑦貸：施與、給予。引伸為幫助、輔助之意。

【譯文】

上士聽了道的理論，努力去實踐它；中士聽了道的理論，半信半疑它的存

在；下士聽了道的理論，哈哈大笑。不被嘲笑那就不足以成其為道了。所以古時立言的人說：光明的道好似暗昧；前進的道好似後退；平坦的道好似崎嶇不平；崇高的德好似不足；剛健的德好似怠惰；純真質樸的品格好像渾濁未開。潔白無瑕好似含垢；最方整的東西卻沒有稜角；大型珍貴的器物是最晚完成的；最大的聲響反而聽來無聲無息；最大的形象反而沒有形狀。道幽隱而沒有名稱，無名無聲。只有道，才能使萬物善始善終。

【經典解讀】

老子在世時也曾向世人極力宣揚他的道，但是現實情況似乎並不是十分的理想，這一章裡老子列舉了世人對待道和德的三種不同的態度。面對老子所推崇的，道有的人聽到以後就趕緊去實行它；有的人聽到關於道的言論之後仍持一種半信半疑的態度，不知道該不該相信；還有一種人一聽到所謂的道就哈哈大笑，認為這種道是不足為信的，甚至認為是愚蠢的。老子也給予這三種人不同的評價，能夠即時將道用於實處的老子認為那是「上士」；半信半疑的老子把他們叫做「中士」；對於嘲笑道和德的老子說那是「下士」。

世人對於道的誤解，老子認為那是因為「道」過於深邃的原因。那些不能夠深入瞭解道的人會抓住它的表面現象來進行嘲笑，其實是膚淺的。這並不是因為老子自以為是，老子的這些話印證了一個道理，那就是真理往往掌握在少數人的手裡。就像老子所說的「光明的道好似暗昧；前進的道好似後退；平坦的道好似崎嶇不平；崇高的德好似不足。」的這些話是非常深刻的。追求正義和真理的道路往往是不太平坦的，成功的路上往往最缺乏的就是鮮花和掌聲，一個人純真質樸往往會成為呆和傻的代名詞。關於這點中國前總理毛澤東先生也曾有「人間正

道是滄桑」的說法。

大器晚成的蘇洵

現在，有許多人在少年時，由於沒有把握住學習的機會，而當自己年紀大一些時，又抱怨歲月蹉跎，一事無成。有些人甚至未到中年就灰心喪氣，鬥志殆盡，認為自己這輩子也就這樣子了，不會再有什麼大出息。

事實並非如此，綜觀歷史上有所成就的人，你會發現，處在各種年齡的人都可以有所作為，大器晚成者更是屢見不鮮。北宋大文學家蘇洵就是一例。

蘇洵以文章聞名於世，被列為「唐宋八大家」之一。據我國民間廣泛流傳的《三字經》中記載：「蘇老泉，奪十七，始發憤，讀書籍。」講的就是蘇洵的故事。

蘇洵小的時候不好學，成名很晚，一直到他二十七歲後才開始發憤讀書。苦學一年後，他認為自己的知識已經掌握得差不多了，便去考進士，結果落榜而歸。

回到家裡他走進書房把自己一個人關在屋裡，經過這次的經歷，他才體認到，想要成為一個有學識的人並不是那麼容易的，非得下苦心不可。現在拿起他以前的作品，再反覆看了看，覺得自己這些都是很不成熟的作品。於是抱起一疊疊的文稿往火爐裡送。家裡人看到蘇洵的書房裡忽然向外冒出黑煙都很吃驚，不知道出了什麼事。大家都跑過去看，蘇洵說明源由，他要把自己過去所有的作品

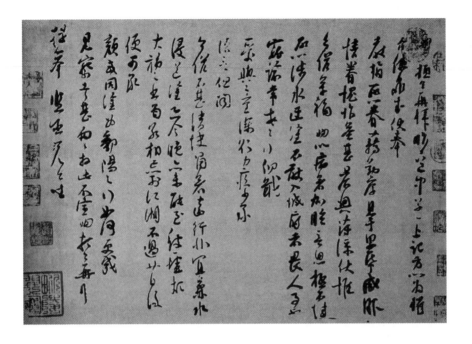

全部燒掉，決心從頭開始。

從此以後，他謝絕賓客，閉門攻讀，日以繼夜，手不釋卷。如此發憤攻讀了五、六年，終於文才大進，下筆如有神，頃刻數千言。

宋仁宗嘉佑元年（西元1056年），他到汴京拜訪歐陽修，文章受到歐陽修的賞識，文名因而大盛。當時翰林學士歐陽修把他的作品二十二篇呈上朝廷，得到極高的評價。宰相韓琦見他文章寫得好，上奏皇帝，召試舍人院。但嘉佑三年（西元1058年），宋仁宗召他參加考試時，他卻推病不去。後來又任命他為秘書省校書郎。這時他已年過五十歲了。

老子曰：「大方無隅；大器晚成。」在任何時候都不要放棄學習進步的機會，凡事只要你肯下工夫，就一定會有所收穫。

第四十二章 道生萬物

【原文】

道生一^①，一生二^②，二生三^③，三生萬物。萬物負陰而抱陽^④，沖^⑤氣以為和。人之所惡，唯孤、寡、不穀^⑥，而王公以為稱。故物或損之而益，或益之而損。人之所教，我亦教之。強梁者不得其死，吾將以為教父^⑦。

【注釋】

①一：這是老子用以代替道這一概念的數字表示，即道是獨一無二的。

②二：指陰氣、陽氣。「道」的本身包含著對立的兩方面。陰陽二氣所含育的統一體即是「道」。因此，對立著的雙方都包含在「一」中。

③三：即是由兩個對立的方面相互矛盾衝突所產生的第三者，進而生成萬物。

④負陰而抱陽：背陰而向陽。

⑤沖：衝突、交融。

⑥孤、寡、不穀：這些都是古代君主用以自稱的謙詞。

⑦教父：父，有的學者解釋為「始」，有的解釋為「本」，有的解釋為「規矩」。有根本和指導思想的意思。

【譯文】

道首先生成是一，一又生成陰陽二氣，陰陽二氣相交而形成三，三進而生成

萬物。萬物背陰而向陽，並且在陰陽二氣的互相作用下而生成新的和諧體。人們所厭惡的就是「孤」、「寡」、「不穀」，但王公卻用這些詞來稱呼自己。所以一切事物有時減損反而獲益，有時求益反而受損。古人這樣教導我，我也這樣去教導他人。強行霸道的人不得好死，我將引以為借鏡。

【經典解讀】

老子在這一章前半部分講了道衍生世界萬物的規律，即「道生一，一生二，二生三，三生萬物。」這裡老子說到「一」、「二」、「三」，乃是指「道」創生萬物的過程。道首先生成一，陰陽二氣所含育的統一體即是「道」。因此，對立著的雙方都包含在「一」中。三是由兩個對立的方面相互矛盾衝突所產生的第三者，進而生成萬物。

這一章的後半部分老子講了：人們處事應該明白強弱損益的關係，即「故物或損之而益，或益之而損」的道理。做人要謙虛、守分，「強梁者不得其死」古今同理。

【經典事例】

孟太后因禍得福

在紛亂的社會當中，某些被處心積慮設置的陷阱無處不在。在封建社會帝王的後宮當中就更是這樣了，那些後宮的妃嬪，甚至侍女為了地位和名利爭得不可開交，甚至不惜犧牲別人的性命。身處在這樣的環境當中除了防人之心不可無以外，切忌有害人之心。只要保持謙虛、守分，也許別人設置的陷阱倒給你帶來了

好運。

　　西元1092年，哲宗十七歲，太皇太后高氏和向太后，選出了端莊嫻雅的孟氏為皇后。但是哲宗最寵愛的並不是孟皇后，而是容貌俏麗的劉婕妤，於是劉婕妤恃寵成驕，經常冒犯皇后。

　　有一次皇后的福慶公主病重，孟皇后的姐姐懂醫道，前來醫治，便將道家符水拿來，替公主治病。皇后見了，立即禁止，並主動把這件事告訴了哲宗，哲宗也不介意，劉婕妤抓住這件事不放，說孟皇后搞符咒魘魅。過了些天，劉婕妤又巧立名目和哲宗說：「皇后搬神弄鬼。」哲宗一聽立刻派內侍押班梁從政等人審查。他們逮捕宦官、宮女三十餘人，嚴刑拷打，而後又偽造供詞，哲宗以皇后「旁惑邪言，陰挾媚道」廢居瑤華宮。

　　劉婕妤鬥敗了孟皇后，進升為賢妃。三年後，生下了一位皇子，後來被立為皇后。但是好景不常，沒過多久，皇子和哲宗就先後死去了。

　　西元1100年，徽宗即位，向太后垂簾聽政，迎回孟氏，尊為「元佑皇后」。向太后死後，劉皇后逼徽宗下詔廢去孟后。西元1102年，孟皇后重回瑤華宮，瑤華宮失火，她移居延寧宮，延寧宮又毀於大火，她只得住進弟弟孟忠厚家。

　　西元1126年，金兵攻陷汴京。徽、欽二帝和六宮有號位者盡被擄北上。孟皇后因住在民居，竟免於難。西元1127年趙構在南京（河南商丘）即位為宋高宗，史稱南宋。高宗尊孟氏為「元佑太后」。為了避其祖父孟元之諱，改稱「隆佑太后」。高宗不敢抗金，從南京逃到揚州，又逃到鎮江，最後跑到臨安（杭州）。

　　西元1129年3月，護衛統制苗傅、劉正彥發動政變，擁立三歲的皇太子趙旉

(ㄈㄨˇ)為帝，企圖讓孟太后聽政，被孟太后拒絕。不久，韓世忠、張浚等平息兵變。她又躲過了一場災難。

這個故事也正反映了老子所說的「故物或損之而益，或益之而損。」的含意。有些人本來想對她不利，到頭來卻幫她躲過了災難，但是這跟她自己不貪圖地位名利也有很大關係。

閱讀筆記

第四十三章　不言之教

【原文】

　　天下之至柔①，馳騁天下之至堅②。無有③入無間，吾是以知無為之有益。不言之教，無為之益，天下希④及之。

【注釋】

　　①至柔：最柔弱的東西。

　　②至堅：最堅硬的東西。

　　③無有：指不見形象的東西。

　　④希：一本作「稀」，稀少。

【譯文】

　　天下最柔弱的東西，能駕御天下最堅硬的東西；無形的力量能夠穿透沒有間隙的東西。我因此認識到無為的益處。不言的教導，無為的益處，天下很少人能夠做得到。

【經典解讀】

　　老子說天下最柔弱的東西總能夠戰勝看起來最堅強的東西，現實生活中確實有很多例子能夠驗證老子的這句話。寓言當中水滴石穿的故事，還有我們小時候就學過的種子的力量，都能夠很好地證明老子理論的正確性。水看起來好像是最

軟弱的東西，它甚至沒有自己的形狀，但就是這樣的小水滴卻能夠在堅硬的石頭上穿一個洞；還有那剛長出來的小嫩芽，誰會相信它竟能頂開壓在它上面的大石頭。

但是老子真正要說的還不是這些，接下來老子又說了。他說我所說的道就是天底下最柔弱的東西，它看起來是虛無的但是它的作用卻是無窮無盡。就像是水滴石穿一樣，道所講究的不言的教導，無為的益處也同樣大得驚人，只不過很少有人能夠做到罷了。

【經典事例】

牙齒與舌頭

是非、善惡、長短不是絕對的，就如同柔和剛也是相對而言的。

大家都知道孔子的老師是老子，而老子的老師名叫長重。長重在病危時，將老子叫到床前ㄅ把嘴巴張開，請老子看他的牙齒在不在，老子覺得很奇怪，老子看了一下，就對長重說：「老師您的牙齒都掉光了。」 長重聽後，閉起眼睛，就沉默不語。

過了一會兒，長重又把嘴巴張開，請老子看他的舌頭還在不在，老子雖感到大惑不解，為什麼要看舌頭還在不在，但還是仔細端詳了一下，並回答說：「老師您的舌頭還在！」

這時長重語重心長地對老子說：「牙齒是我嘴巴最硬的部分，但我還沒死，牙齒就都掉光了，我的舌頭是嘴巴最軟的部分，但我要死時，我的舌頭還在，還

和我的嘴巴在一起。

由此可見做人不可以過度剛硬，應時時保持柔軟度，在生活中注入彈性，方可長存於世。」

老子這時才恍然大悟，急忙向老師鞠躬並對長重說：「學生一定謹記老師的教導。」

最柔弱的東西裡面，蓄積著人們看不見的力量，使最堅強的東西無法抵擋。如老子所說：「天下之至柔，馳騁天下之至堅，無有入無間。」即天下最柔弱的東西，能駕御天下最堅硬的東西；無形的力量能夠穿透沒有間隙的東西。「柔弱」發揮出來的作用是在於：「吾是以知無為之有益。」即是在於「無為」。

閱讀筆記

第四十四章　知止不殆

【原文】

名與身孰親？身與貨孰多①？得與亡孰病②？甚愛必大費③，多藏必厚亡④。故知足不辱⑤，知止不殆，可以長久。

【注釋】

①多：重要的意思；貨，財富。

②得：指名利；病，有害。

③甚愛必大費：過於愛名就必定會造成很大的耗費。

④厚亡：慘重的損失。

⑤辱：屈辱。

【譯文】

名譽和生命哪個更值得珍惜？生命與財物哪個最重要？得到名利與喪失生命哪個更有害？過於愛名利就必定會造成很大的耗費，豐厚的藏貨就必定會招致慘重的損失。所以說知道滿足就不會受到屈辱；懂得適可而止就不會有危害，這樣才能長久的生存。

【經典解讀】

此章老子教導人們，不要貪得無厭，要適可而止，這樣才能長久的生存。老

子以名譽和生命、生命與財物之間相比對，哪個更重要，向人們提出了尖銳的問題。人的精力是有限的，不要過分地耗費精力去追求名利與財富，不知道滿足的人，擁有再多的財富也不知足。過分的追求可讓人貪婪成性，進而不懂得去尊重和珍惜自己的生命。老子宣揚：對待名利和財富要淡然處之，適可而止。不要無限地追求，而要懂得去珍惜自身的價值和尊嚴。

【經典事例】

吃人的金子

金錢對我們來說是生活中不可或缺的，但過於注重錢財，就會使自己產生貪欲的念頭。對金錢過分的、自私的、貪婪的追求，會成為一切邪惡的根源。

從前有兩個非常要好的朋友一起出去辦事，走到半路看到莊稼漢驚慌失措地從遠處跑來，一邊跑還一邊不住地回頭看。好像有什麼兇惡的東西在追趕他似的，這兩個朋友就上前把跑過來的莊稼漢攔住好奇地問他：「前面發生什麼事情，你那麼慌張，是不是遇到了強盜？」莊稼漢停下匆忙的腳步喘著氣說：「這比強盜可厲害多了，強盜來了也只是要一些身外之物，但是那東西可是會要人的性命的。」「難道是遇到了猛獸？」那兩個朋友又問。莊稼漢搖了搖頭說：「也不是，是在我的莊稼地裡挖出來了一罈金子，你們說這不是很可怕嗎？」

那兩個人不以為然地說：「這有什麼好怕的，你告訴我們你家的地址在什麼地方吧！」

莊稼漢說：「就在前面不遠的地方，我家的田裡種的是玉米，鄰居們的田裡種的都是大豆。」

兩個人立刻找到那個地方，果然在一處玉米田裡發現了那些金子。

一個人對另一個人說：「那個莊稼漢真是太愚蠢了，人人都渴望的黃金在他眼裡居然成了吃人的東西！」另外一個人也隨聲附和地點頭稱是。

找到了金子他們就商量怎麼才能悄悄拿回自己家裡，他們一致認為現在回去肯定不行，大白天的抬著一罈金子在路上走這也太招搖了，要是被歹徒盯上那可就麻煩了。不如等天黑下來以後再拿回去，這樣就不怕別人知道了。於是他們把挖出來的金子又埋好，然

後一個人守在那裡讓另一個去買點吃的，吃飽喝足了好等著天黑往家裡搬金子。

等其中一個買吃的走了以後，留下的那個人心想：「要是這些黃金都歸我該有多好呀！等他一回來，我就用木棒把他打死，這些黃金不就全是我的了。」

去買吃的人也在想：「我先吃飽飯，然後在他的食物裡下毒，他死了，黃金就全是我的了。」

他剛一到那裡，另一個人從背後狠狠地用木棒將他打死了，然後說道：「親愛的朋友，是黃金逼迫我這樣做的。」

然後他就拿起那個人買來的食物，狼吞虎嚥地吃起來了，沒過多久，他感覺

肚子裡像火燒一樣，他知道自己中毒了，臨死的時候他說道：「那個人說的話真是太對了！」

有時候，人性是很脆弱的。欲望能讓人忘記一切，甚至是自己的人格。錢並不像平常所說的那樣，是一切邪惡的根源，唯有控制自己的貪念，懂得知足，才能從金錢的桎梏中解脫出來。

閱讀筆記

第四十五章　大成若缺

【原文】

　　大成①若缺，其用不弊②。大盈若沖③，其用不窮。大直若屈④，大巧若拙，大辯若訥。靜勝躁，寒勝熱。清靜為天下正⑤。

【注釋】

　　①大成：最為完滿、最成功的東西。

　　②弊：衰竭。

　　③沖：虛，空虛。

　　④屈：同曲，彎曲的意思。

　　⑤正：正人，含模範之意。

【譯文】

　　最完美的東西好像有些殘缺，但它的作用永遠不會衰竭；最充盈的東西好像是空虛，但是它的作用是永不窮盡的。最筆直的東西好像有彎曲；最靈巧的人好像笨拙；最善辯的人好像不善言辭。清靜克服擾亂，寒冷克服暑熱。清靜無為才能做人民的模範。

【經典解讀】

　　世界上沒有十分完美的東西，老子在當時就告訴人們：「一個完美的人格，

不在於外在的表露，而在於生命內在的含藏。」本章老子列舉出大成、大盈、大直、大巧、大辯幾個事例來說明最完美的東西看起來也是有缺陷的。以此來教導統治者，只有以無為的思想來治理國家，才能統治天下。

【經典事例】

呆若木雞

在我國，鬥雞比世界上其他善鬥的動物「鬥」的歷史要長許多。在《左傳》上有記載：「季、郈之雞鬥，季氏介其雞，郈氏為金距。」在西元前517年，季平子、郈昭伯是春秋末期魯國的貴族，他們在鬥雞時，又是「介雞」，又是「金距」，都把雞武裝到了牙齒。

在當時，周宣王就是一個酷愛鬥雞的國王。他聽說紀渻子是訓練鬥雞的行家，他的名聲在當時是遠近聞名的。周宣王就派人把他找來為他訓練鬥雞。

十天之後，周宣王問紀渻子：「鬥雞現在訓練好了嗎？」

紀渻子回答說：「不行，正虛浮驕矜自恃意氣哩。」

又過了十天，齊王又來問，紀先生回答說：「還不行，牠現在還不能沉住氣呢！一聽到聲音，一看到人影晃動，就驚慌不已。」

一個月後，齊王已經等得不耐煩了，又去問紀渻子，可是紀渻子還是搖頭說不行。又過了十天，周宣王問，這次紀渻子回答說：「差不多了。雞雖然有時候會啼叫，可是不會驚慌了，看起來好像是木頭做的雞，精神上完全準備好了。別的雞沒有勇於應戰的，掉頭就逃跑了。」

紀渻子認為，比賽用的雞必須完全去掉虛驕和意氣，等到看到其他的雞時，看起來好像木雞一樣靜寂淡漠，這樣牠的德行真可說是完備了。如此毫無好勝之心的雞，才能夠無所不勝。

此故事中不但有訓練鬥雞的豐富實踐經驗，而且包含著深刻的哲理。紀渻子訓練的鬥雞到「呆若木雞」時才算是最好的了。這和老子所說的最完美的東西不在外形上表露，而為內在生命的含藏內斂其實是同個道理。

閱讀筆記

第四十六章 天下有道

【原文】

天下有道，卻^①走馬以糞^②，天下無道，戎馬^③生於郊^④。禍莫大於不知足；咎莫大於欲得。故知足之足，常足矣。

【注釋】

①卻：摒除，退回。

②走馬以糞：糞，耕作、播種。此句意為用戰馬耕種田地。

③戎馬：戰馬。

④生於郊：指戰馬生駒於戰場的郊外。

【譯文】

治理天下如果合乎道的規律，就可以把戰馬放回到田裡去耕種。治理天下不合乎道的規律，連懷胎的母馬也要用來作戰，則戰馬在戰場的郊外生下馬駒子。最大的禍害是不知足，最大的過失是貪得無厭的欲望。所以不貪得無厭而知道滿足的人，永遠是滿足的。

【經典解讀】

本章老子繼續講述知足思想，同時，反映了老子反對戰爭的思想。在老子生活的春秋時代，諸侯爭霸，以致於戰爭連年不斷，給人民的生活造成了嚴重的災

害。老子認為之所以有戰爭，是因為統治者的貪得無厭而引起的。老子說：「知足之足，常足矣。」 統治者要知道滿足才能避免戰亂，老百姓的生活才能夠富足起來。

【經典事例】

佛和魔鬼

佛和魔鬼分別象徵著人間的大善和大惡，人們以為佛和魔鬼相差十萬八千里。它們就像是一對生死冤家，在它們之間有著不可跨越的界限。但是有一位道法高深的老禪師告訴世人，佛和魔鬼其實是一對孿生兄弟，它們甚至可以出現在同一個人身上。人們大惑不解，老禪師講了一個故事：

從前有個非常有名的畫家，他發誓要畫盡人間的至善和至惡。他的這個想法讓他感到非常的煩惱，因為他想畫佛和魔鬼，但是在現實中找不到它們的原形，他的腦子裡怎麼也想不出它們的樣子，所以他根本就沒辦法下筆。後來一個偶然的機會，他去寺院朝拜，無意中發現了旁邊一個誦經的和尚，他身上的那種氣質深深地吸引了畫家，於是他就去找那個和尚，向他許諾重金，條件是他給畫家做一回模特兒。

結果，畫家所畫的佛轟動了當地，畫家自己也說：「那是我畫過最滿意的一幅畫，因為給我做模特兒的那個人讓人看了一定會認為他就是佛，他身上那種清明安詳的氣質可以感動每一個人。」畫家最後給了那位和尚很多錢，實現了他的諾言。

就因為這幅畫，人們不再稱他為畫家，而是稱他為「畫聖」。

成功地畫好了佛，畫家完成了他的一大心願，這讓他覺得很欣慰。過了一段時間他突然想起了他的另一個心願，於是就著手準備畫魔鬼。但是他一開始就出現了同樣的難題，到哪裡去找魔鬼的原形呢？為此他探訪過很多地方，找了很多外貌兇狠的人，但沒有一個滿意的。最後他終於在監獄中找到了。「我可真不是普通的幸運，因為在現實中找一個像魔鬼的人實在是太難了！」畫家對自己說。

　　但是當他面對那個犯人準備下筆的時候，那個犯人在他面前失聲痛哭地說道：「為什麼你上次畫佛的時候找的是我，現在畫魔鬼的時候找的還是我！是你把我從佛變成了魔鬼。」

　　畫家說：「怎麼可能呢？我畫佛找的那人氣質非凡，而你看起來就是一個純粹的魔鬼形象，怎麼會是同個人呢？」

　　那個人悲痛地說：「上次我給你做模特兒以後，你給了我一大筆的錢，這讓我覺得有錢的感覺真是再好不過了，於是我就天天尋歡作樂，揮霍生命。到後來錢用完的時候，我早就已經習慣了那種花天酒地的生活。再讓我去過以前那種青燈古佛的日子我覺得比死還難受，於是我就去搶別人的錢，還殺了人，只要能得到錢，什麼壞事我都做了，就成了現在這個樣子。」

　　畫家聽完他的話，感慨萬分，他驚嘆人性在欲望面前轉變得如此之快，人性太脆弱了，誘惑的力量太強大了。原來佛和魔鬼竟然可以是同一個人，但是這又怎麼能怪金錢呢？

　　不錯，就像那位畫家所說的，金錢可以讓一個人從佛變成魔鬼。但這本身並不是金錢的過錯，而是我們心中的那股貪念，是它把佛變成了魔鬼。世間美好的東西太多，我們每天都要面對的誘惑也太多，不消除心中的貪念，佛變魔鬼的事

情就總會發生。就像老子說的「咎莫大於欲得」。真正讓那個和尚從佛變成魔鬼的，並不是畫家所給他的那些錢財，而是他心中割捨不斷的貪欲。

閱讀筆記

第四十七章 不為而成

【原文】

不出戶，知天下；不窺牖①，見天道②。其出彌遠，其知彌少。是以聖人不行而知，不見而名③，不為④而成。

【注釋】

①牖（一ㄡˇ）：窗戶。

②天道：自然規律。

③不見而名：又作「不見而明」。此句意為不窺見而明天道。

④不為：無為、不妄為。

【譯文】

有道的人不出門戶，就能夠知道天下的事情；不望窗外，就可以認識自然規律。越是那些在外奔逐的人，他所知道的道理就越少。所以，有道的聖人不出門卻能夠推知事理，不用窺望而能明瞭天道，不妄為而能夠有所成就。

【經典解讀】

足不出戶就可以知曉天下的大事，不用抬頭望天就可以瞭解自然的變化情況。老子在這裡講述的並不是什麼無所不能的特異功能。老子是運用誇張的說法來闡述對道的認知，能夠使人們透過對事物發展的規律，來推斷事物運行某一階

段的特徵。但是老子這裡所說的道還並不是我們現在所說的哲學意義上的萬物運行的客觀規律，運用歷史唯物主義的思想方法，來正確地說明感性認識和理性認識的辨證關係，還不是春秋時代的思想家們所能夠解決的重大哲學議題。

老子在本章提出的這些說法顯然是在指出：證道可以透過某種閉門靜修或禪證契會的方式達成。當然這種靜修也是要以生活實踐為基礎的，因為生活的實踐是對道的認知的一個必須的過程，而只有在對道有了整體的認知以後才能足不出戶而知天下事。

【經典事例】

劉基求雨

在中國的歷史上每一朝每一代都會有一位能夠善知人之禍福，能夠算定陰陽的神機軍事。他們看氣色斷人之吉凶，望雲氣知天之陰晴，十次之中也總有八、九次是對的。明朝的劉基就是其當中的一位。

劉基又叫劉伯溫，是明朝的一位開國元勳，是明太祖朱元璋身邊的一位最為重要的謀士。他本來是元朝的官員，因為對元朝的政治腐敗不滿意，便免不了發點牢騷，後來，被解職回到他的家鄉青田（在今浙江）。之後朱元璋又把他請了出來，他為朱元璋出了不少計策。由於他足智多謀，得到明太祖的信任。明太祖把他比做西漢初年的張良。

劉基不但謀略好，而且精通天文。在古代，往往把天文現象跟人間的吉凶扯在一起。劉基對天下形勢觀察仔細，考慮問題周到，他的預見往往比較準確。民間傳說把劉伯溫看做一個「未卜先知」的人物。

還在朱元璋當吳王的時候，江南發生了一場旱災，乾旱的天氣使得大片的莊稼枯焦，眼看就要顆粒無收。這時候江南的百姓心焦，朱元璋也急得團團轉，無奈之下朱元璋就問劉基為什麼發生大旱，怎樣才能求上天下雨。劉基說：「天一直不下雨，因為牢獄裡關押的人有冤屈。這是上天給我們的懲罰。」

朱元璋聽信劉基的話，派他去查監牢裡關的犯人。劉基一查，果然有不少冤案。他向朱元璋奏明後，平反了冤案，把錯抓的人放了。

本來求雨和平反是毫不相干的兩碼事，劉基也不可能有求雨的法術。不過他懂得天文，觀測到氣象要發生變化，知道那幾天可能要下大雨，就藉這個機會勸諫朱元璋平反冤案。果然不出幾天，烏雲密佈，接著就下了一場大雨。劉基趁朱元璋高興的時候，又勸他制訂法律，依法辦事，防止錯殺無辜的人。

正如老子所說的：「不出戶，知天下；不窺牖，見天道。」那是因為體道、悟道的結果。劉基之所以能知道哪天乾旱、哪天下雨，那是因為他精通天文，能夠根據天上雲氣的變化來推測天氣將要發生的變化。不過他能將天氣的變化和人民的冤苦巧妙地連在一起，並藉機為百姓平冤屈，也算是一位仁臣了。

第四十八章 為學日益

【原文】

為學日益，為道日損①，損之又損，以至於無為。無為而無不為②，取③天下常以無事④；及其有事⑤，不足以取天下。

【注釋】

①損：指日漸減損。

②無為而無不為：不妄為，就沒有什麼事情做不成。

③取：治、奪取。

④無事：即無擾攘之事。

⑤有事：繁苛政舉在騷擾民生。

【譯文】

追求學問的人知識日益增強，追求真道的人情欲日益減少。減少又減少，到最後至於無為的境地。不妄為就沒有什麼事情做不成。治理國家的人，要經常以不騷擾民為治國之本，如果經常以繁苛政舉騷擾民生，那就不足以取得天下。

【經典解讀】

本章主要講述求學和求道的道理，求學的時候知識是跟求學的日子成正比的，時間越長知識的累積就越豐富。而求道卻恰恰相反，離所謂的道越近，人的

那些無謂做為就越少，到最後才能達到無為的境地。這是因為求學是在求外在的學識，而求道則是在於掌握事物內在的規律，跟外在的學識不同，求道的過程，越是接近道的本質就越剝離那些表面的繁雜無序的現象。老子從求道的道理進而引申到有志於天下的人，認為那些人也只有逐漸剝離表面上的世事紛爭，從根本上把握社會發展的道，才能夠奪取並治理好天下。

【經典事例】

真知不言

真正有真才實學的人往往都顯得非常的謙虛，而在別人面前誇誇其談的人卻往往只是一些略知皮毛的膚淺者。

有一位學道的年輕人，他覺得自己對「空」的義理理解得很透澈，便誇下海口，走遍天下，也沒人能夠難倒他。於是他開始四處雲遊，尋找自己的對手，果然一路過關斬將，沒有人能夠將他辯倒，他的名聲也就越來越大，人們都對他的悟性和辯才驚嘆不已。他滔滔不絕，持論精當，真是後生可畏！

他每經過一座禪林，當地禪師都以特別高規格的禮儀接待他，這使得年輕人更加口若懸河。想想他也確實有一些真工夫，他能一口氣把《大品般若》裡的「二十空」講述十個小時！因此人們建議他去結交一位三十年鞋不至席的坐禪大師。

年輕人找到這位禪師，並在他的對面坐下，年輕人按捺不住誇示自己的悟境之高，剛一落座就開始侃侃而談：「心、佛與眾生，是三重皆空。現象的真性是空，無悟無迷，無凡無聖，無施無受！」

　　那位大師嘴銜一支煙管，靜靜地聽著。其間一會兒請年輕人喝口茶水，一會兒又請年輕人享用水果。可是年輕人哪裡顧得上，只顧說自己的，說話仍如懸崖瀑布，汪洋不絕，絲毫沒有要停止的意思。

　　忽然，大師出其不意，用煙管打了這位年輕人一下。年輕人立刻憤怒，站了起來。「既然一切皆空！」大師悠悠說道，「試問怒從何來？」

　　年輕人這時才恍然大悟，一時間變得啞口無言。

　　老子說：「為學日益，為道日損。」越是學識淵博離道最近的人就越是謙虛謹慎，不輕易顯露自己的才學。只有那些不懂裝懂的人才到處賣弄，其實他所知道的也就僅僅是他掛在嘴邊的那一套，要是你第二次遇到他想要再聽點新的東西恐怕是不可能了。

閱讀筆記

第四十九章　聖人無常心

【原文】

聖人常無心，以百姓之心為心。善者，吾善之；不善者，吾亦善之，德①善。信者，吾信之；不信者，吾亦信之，德信。聖人在天下，歙②歙焉為天下渾其心③，百姓皆注其耳目，聖人皆孩之。

【注釋】

①德：假借為「得」。

②歙（ㄒㄧ）：意為吸氣。此處指收斂意欲。

③渾其心：使人心思化歸於渾樸。

【譯文】

聖人是沒有私心的，以百姓的心為心。善良的人，我善待他；不善良的人，我也善待他，這樣就可以使天下人向善。守信的人，我信任他；不守信的人，我也信任他，這樣就可以使天下人守信。有道的聖人統治天下，收斂自己的欲意，與天下人的心意相合。百姓們都專注於自己的耳目聰明，有道的聖人使他們都回到嬰孩般純樸的狀態。

【經典解讀】

　　老子在這一章裡面描述了一位得道的聖人的形象，他是老子心目中最為理想的統治者的化身。這樣的一位聖人他根本就不存在有自己的私心，他以天下百姓的快樂為快樂，以天下百姓的憂愁為憂愁，以天下百姓的願望為自己的願望。這樣的聖人實行的是不言之教，他總能夠用行動來感化百姓。就像老子在文中舉的例子一樣，善良的人我善待他，不善良的人我也善待他，這樣就能夠使天下的人得到感化而變得善良；講誠信的人我信任他，不講誠信的人我也信任他，這樣就能夠使天下所有的人都守信用了。

　　在這裡我們先拋開老子所說的那些得道的統治者不說，就拿我們來說，對於我們的立身處世，老子提出了一個新的課題，那就是你能否做到善待你的敵人。這也是考驗你是否得道、是否真正聰明的一個標準。正所謂「冤家易解不宜結」，真正能成就大事的人都能夠做到這一點。以德報怨，善待你的敵人，你就會在消滅一個敵人的同時獲得一個朋友。這也是聰明人之所以聰明的原因。

【經典事例】

以德報怨

　　在我們的生活中，多一些理解，多一份寬容，化恨為愛，你就會在奉獻中獲得更多的幸福和快樂。歷史上以德報怨的故事我們聽過許多，特別是在處理國與國之間的事情時，更需要有寬宏大量的氣度。

　　在魏國的邊境，與楚國靠近的地方有一個小縣城，當時一個叫宋就的大夫在這個小縣城做縣令。兩國村民的莊稼地雖緊挨著，但他們都互不往來。兩國村民

們也都喜歡種瓜。這一年春天，村民們像往年又都種下了瓜種。

不巧這年春天，天氣比較乾旱，由於缺水，瓜苗自然長得很慢。兩國村民心裡都相當著急，再這樣下去一定會影響收成的。於是魏國的一些村民首先組織了一些人，每天晚上到田裡挑水澆瓜，以便瓜苗長得快些。楚國的村民雖然心裡著急，他們則盼望下場大雨，能緩解一下乾旱。

就這樣，魏國村民一連給瓜苗澆了好幾天水，瓜苗長勢明顯好起來，比楚國村民種的瓜苗要高出一截來。這天，楚國的村民又來到田裡看瓜苗，他們一眼望去看到魏國村民種的瓜長得又快又好，於是心裡非常嫉妒，有些人就想到晚間偷偷潛到魏國村民的瓜田裡去踩瓜苗。

楚的村民很生氣地一邊說一邊往家裡走，正好在路上遇到宋縣令，宋縣令看他們氣呼呼的樣子，便問村民們為何生氣？村民們把事情對宋縣令說了一遍。

聽完村民的話，宋縣令急忙請村民們消消氣，讓他們都坐下，然後對他們說：「我看，你們最好不要去踩魏國村民的瓜苗。」

村民們氣憤至極，哪裡聽得進去，紛紛嚷道：「難道我們怕他們不成？」

宋就搖搖頭，耐心地說：「如果你們一定要去踩瓜苗，頂多解解心頭之恨，可是，以後呢？魏國村民會善罷甘休嗎？如此下去，雙方互相破壞，最後受害的還不是大家嗎？」

村民們皺緊眉頭問：「那我們該怎麼辦呢？」

宋就說：「你們每天晚上去田裡給瓜苗澆水，同時也要去幫魏國村民澆地。

結果怎樣，你們自己就會看到。」

　　村民們雖不太能理解宋縣令的用意，但還是按宋縣令的意思去做。楚國的村民發現魏國村民不但不記恨，反而天天幫他們澆瓜，慚愧得無地自容。

　　這件事後來被楚國邊境的縣令知道了，便將此事上報楚王。楚王原本對魏國虎視眈眈，聽了此事，深受觸動，甚覺不安，於是，主動與魏國和好，並送去很多禮物，對魏國有如此好的官員和國民表示讚賞。

　　魏王見宋就為兩國的友好往來立了功，也下令重重地賞賜宋就和他的百姓。

　　當今社會，人際關係愈來愈復雜，如果大家都能以老子的「善者，吾善之；不善者，吾亦善之。」的思想去容人待事，相信一定能更好地與朋友、同事相處，贏得別人的尊重與愛戴。

第五十章　出生入死

【原文】

出生入死①，生之徒②，十有三③；死之徒④，十有三；人之生，動之於死地，亦十有三。夫何故？以其生生之厚⑤。蓋聞善攝生者⑥，陸行不遇兕⑦虎，入軍不被甲兵。兕無所投其角，虎無所措其爪，兵無所容其刃。夫何故？以其無死地。

【注釋】

①出生入死：出世為生，入地為死。

②生之徒：即長壽之人。徒，意為類。

③十有三：十分之三。

④死之徒：屬於夭折的一類。

⑤生生之厚：由於求生的欲望太強，營養過剩，因而奉養過厚了。

⑥攝生者：攝生指養生之道，即保養自己。

⑦兕（ㄙ）：屬於犀牛類的動物。

【譯文】

人出世為生，入地為死，長壽之人只佔十分之三；短命的人佔十分之三；人本來可以長生的，卻自己走向死亡之路，也佔十分之三。這是什麼原因呢？因為求生的欲望太強，營養過剩，因而奉養過厚了。據說，善於養生的人，在陸地上

行走不會遇到犀牛和猛虎，在戰爭中也受不到殺傷。犀牛對其沒辦法施用牠的角，老虎對其無法利用牠的爪，武器對其無法使用它的鋒刃。這是什麼原因呢？因為他沒有進入死亡的領域。

【經典解讀】

本章老子講述了人的生死問題。在一般人看來，生死與一個人的生活觀念沒有多大的關係。老子卻以兩種人的生活觀念不同，得出了兩個截然不同的結果。一種是「生生之厚」，即是生活因營養過剩、嬌奢淫佚，故而短命夭折；另一種是「善攝生者」，即善於養生的人，能夠遠離死地，因而能夠長生。

老子貶斥前一種人的生活方式，他認為過高的生存強執是自速其死。同時對善於養生的「以其無死地」境地的推崇。老子要求人們不要以奢侈的生活方法來營養自己，而要人們能夠做到少私寡欲，清靜質樸。以清靜無為的態度去生活，則可以使生命長壽。

【經典事例】

乾隆皇帝的長壽秘訣

現在，隨著生活水準的不斷提高，人們越來越講究生活保健和生活品質。老子告訴我們，以清靜無為的態度去生活，則可以使生命長壽。那麼古代長壽的人，他們又是怎麼做呢？

大家都很熟悉乾隆帝弘曆，他是雍正的第四子，在位60年，退位後又當了三年太上皇，活了89歲。他經歷了康熙、雍正、乾隆、嘉慶四朝，享受了七代同堂

的天倫之樂。在歷代皇帝中他算是最長壽者了。

　　乾隆皇帝為什麼能獨享高齡呢？乾隆的起居飲食是很有規律的。他大約每天6時起床，洗漱完後用早膳。上午主要用來處理政務，和大臣們議事，午後遊覽休息，晚飯後看書習字，作文賦詩，然後就寢。

　　他的膳食主要以新鮮蔬菜為主，少吃肉類，並且從不過飽。乾隆尊為天子，富有天下，美酒盈倉，可是他從不抽菸，但喜飲茶。他對飲用水十分講究，以西山泉水作為御用水。他根據自己的切身體會，總結出了養生四訣：「吐納肺腑，活動筋骨，十常四勿，適時進補。」其中「十常」即：齒常叩，津常嚥，耳常撣，鼻常揉，睛常轉，面常搓，足常摩，腹常運，肢常伸，肛常提。「四勿」就是：食勿言，臥勿語，飲勿醉，色勿迷。

　　他的「十常四勿」在現代人看來是完全符合保健養身的道理。

　　乾隆還有兩個鍛鍊身體的好辦法。一是他自幼習騎射，當上皇帝後，更以騎射為樂。直到他80歲高齡時還去行圍狩獵。騎馬射箭，活動量很大，無疑是一種鍛鍊身體的好辦法。他的另一個鍛鍊身體的措施是，喜好旅遊，旅遊既能鍛鍊身

體，又能治養心情，也是一種很好的保健措施。他一生中，曾六次下江南，三次上五臺山。不少名山大川、古剎佛界都留下他的足跡。

現代人大都注意進補，在當時乾隆也是重視進補的。他所用的「松齡酒」、「龜齡集」之類，主要是由補脾腎、益氣血為主的中草藥製成。這也是符合現代醫學道理的。補腎可以滋先天，補脾可以壯後天，腎氣強盛，脾胃健運，氣血充盈，身體自然強壯。

多少君王因為手握生殺予奪的大權，聚天下珍寶在室，世間佳麗多佔為己有，進而縱欲貪享富貴，到頭來也只是短命的多長壽的少。能夠做到像乾隆皇帝這樣少私寡欲、清靜質樸的真是少之又少。老子曰：「善攝生者。」即善於養生的人，能夠遠離死地，因而能夠長壽。乾隆皇帝之所以可以高齡，因為他善於養生。

閱讀筆記

第五十一章　為而不恃

【原文】

　　道生之，德畜之，物形之，勢①成之。是以萬物莫不尊道而貴德。道之尊，德之貴，夫莫之命而常自然②。故道生之，德畜之，長之育之，亭之毒之③；養④之覆⑤之。生而不有，為而不恃，長而不宰，是謂玄德⑥。

【注釋】

　　①勢：萬物生長的自然環境。

　　②莫之命而常自然：不主宰萬物，而任其自化自成。

　　③亭之毒之：又作成之熟之。

　　④養：愛養、護養。

　　⑤覆：維護、保護。

　　⑥玄德：即上德。深厚的恩德，或祖先之德。

【譯文】

　　道生成了萬物，德養育了萬物。萬物呈現出各式各樣的形態，自然環境使萬物成長起來。所以萬物都尊崇道而珍貴德。道之所以被尊崇，德所以被珍貴，就是由於道和德不加干涉萬物，而任其順其自然。因而，道生長萬物，德養育萬物，使萬物生長發展，成熟結果，撫養萬物，保護萬物。生長萬物卻不據為己有，對萬物有

作為卻不恃己能，養育萬物卻不為其主宰，這就叫做奧妙深厚的恩德。

【經典解讀】

　　這一章老子講述了道和德的存在地位。道生成了萬物而不據為己有，德養育了萬物而不自恃有功、不為其主宰。這就是老子告訴人們大道的德性，它的高尚的品德與無私的奉獻，可以作為我們生活行動的楷模。

　　在我們現實生活中，社會公德還是要靠我們每一個公民自覺去遵守的。就如一則公益廣告上說的：「我們每個人都為社會奉獻一點，那麼整個社會就會向前邁一大步。」古人就教導人們要有高尚的品德與無私的奉獻。隨著社會突飛猛進的發展，那麼我們每個人的品德是不是也隨之上升到一定的層次呢？恐怕社會上還有一部分人需要去提高的。古人的教導對我們每個人來說都是有益的。我們都應該不斷的去學習古人的精華。

【經典事例】

狄仁傑桃李滿天下

　　狄仁傑是我國傑出的封建政治家，生於唐貞觀四年（西元630年），卒於武則天久視元年（西元700年），字懷英，唐朝拜州太原（今山西太原）人。武則天時期任宰相。

　　在唐高宗儀鳳年間（西元676年～679年），狄仁傑升任大理丞，由於他剛正不阿，兢兢業業，一年中判決了大量的積壓案件，涉及到1.7萬人，無冤訴者，一時名聲顯赫於世，成為朝野推崇備至的斷案如神、剷奸除惡的大法官。

唐朝武則天當皇帝時，狄仁傑已八十多歲，她非常賞識狄仁傑的才華，稱他為「國老」。

就是上朝時，武則天也特許他不跪拜，說：「見狄公下拜，我渾身都會不舒服。」武則天曾告誡朝中官吏：「自非軍國大事，勿以煩公。」

身為一名精忠謀國的宰相，狄仁傑很有知人之明，也常以舉賢為意。狄仁傑推薦了張柬之、姚崇等數十人，這些人後來都成為唐朝中興名臣。對於少數民族將領，狄仁傑也能舉賢薦能。契丹猛將李楷固曾經屢次率兵打敗武周軍隊，後因兵敗來降，朝中大多數人主張處斬他。狄仁傑認為李楷固有驍將之才，如果能免他死罪，必能感恩效節。於是狄仁傑奏請授予李楷固官爵，讓他率軍討伐契丹餘眾。武則天接受了他的建議。果然，李楷固等率軍討伐契丹餘眾，凱旋而歸，武則天設宴慶功，舉杯對狄仁傑說：「這都是國公的功勞啊！」

由於狄仁傑有知人之明，有人對狄仁傑說：「朝廷裡有才能的大臣都是你推薦的，真是桃李滿天下啊！」狄仁傑回答：「推薦有才能的人為國家效力，不是為私，是我應該做的。」

久視元年（西元700年），狄仁傑病故，朝野淒慟，武則天痛哭流涕。從此以後，每當朝廷有大事而眾人又不能解決時，武則天常嘆息說：「要是國老還在就好了！」

狄仁傑的一生，身為封建時代的政治家，他忠於皇室，為李氏、武氏竭心盡命，鞠躬盡瘁；狄仁傑每任一職，都心繫民生，政績頗為卓著。正是由於狄仁傑的「為而不恃」，即他不自恃有功，讓他的名字名流史冊，歷史功績亦昭彰後世。

第五十二章　天下有始

【原文】

天下有始^①，以為天下母。既得其母，以知其子；既知其子，復守其母，沒身不殆^②。塞其兌^③，閉其門，終身不勤^④。開其兌，濟其事，終身不救。見小曰明^⑤，守柔曰強。用其光，復歸其明，無遺身殃^⑥；是為襲常^⑦。

【注釋】

①始：本始，此處指道。

②殆：危險。

③兌：口。在此引申為孔穴。

④勤：勞作。

⑤見小曰明：能察見細微，才叫做明。小，細微。

⑥無遺身殃：不給自己帶來災禍。

⑦襲常：襲承常道。

【譯文】

天地萬物都有原始，把始作為天地萬物的母親。既得知母親，就能知道她養育的各種事物，如果認識了她養育的事物，又回復到她身邊守護，那麼終身都不會有危險。塞住欲念的孔穴，關閉欲念的門徑，終身都不會有煩擾之事。如果打

開欲念的孔穴，就會增添紛雜的事務，終身都不可救治。能夠察見到細微叫做明；能夠持守柔弱叫做強。運用其智慧的光芒，返照內在的明，不會給自己帶來災禍，這就叫做襲承自然的常道。

【經典解讀】

本章老子再次講述了哲學認識論問題。老子認為天下萬物都是有其根源的。人們要追其根源，去探索真理。

在這一章中老子所說的母就是道的化身，子就是指萬物。在這裡老子做了一個很具體的比喻，把道比喻為母親，子比做萬物。母親養育了孩子，孩子應該守護在母親身邊盡孝道。其實，老子是教育我們要順應自然發展，只有這樣才不會有危險。再一個就是「見小曰明」。對微小的事物要能夠做到細微的去觀察，才能知道它的光芒之處。

【經典事例】

有一種愛叫做「順其自然」

愛有好多種，我們每個人用不同的方式去表達對父母、子女的愛。在這裡講述一種叫做「順其自然」的愛。

有一個母親，她有三個孩子，兩個女兒和一個兒子。三個孩子還算聽話、孝順。看孩子們都漸漸長大成家，母親心裡非常高興。兩個女兒都很能幹，家庭都過得比較寬裕。但兒子有些窩囊無能，家裡的開銷一年到頭都挺緊的。

　　兩個女兒非常孝順，常常給母親買衣服和吃的，走時還常常塞錢給母親讓她平時買好吃的，可是老母親有一個小孫子，她特別疼愛小孫子。於是常常把女兒們給她的錢又塞給了兒子，讓他給小孫子買吃的。

　　鄰居們把這些事都看在眼裡，時間長了，他們覺得氣不過。有一次大女兒帶了好多東西來看母親，走到門口，鄰居們就把這個秘密告訴了大女兒。大女兒說：「我給媽媽錢就是為了讓她高興，她願意怎麼花就怎麼花，如果媽媽把錢省給兒子和孫子能夠換來她的開心，那這個錢就算花的值得。」老母親聽了大女兒的話特別高興，她說看著孫子吃比自己吃香多了。

　　過了幾天，二女兒回來了，她知道了這個秘密後非常生氣，對母親說：「媽，我給您錢是讓您花的，您買東西、吃了、喝了，我才高興。您怎麼把錢都給了弟弟？這讓我想起來心裡就不舒服。這可不行。」老母親一聽女兒這樣說，心裡很生氣但又不知道怎麼說。於是二女兒天天守在家裡教導老母親，規定她給自己買吃的、買喝的，而且非要看著她吃下去不可，老母親氣得什麼都吃不下，最後抑鬱而死。

　　痛定之後必然要思痛，從這個故事中我們發現。一切的痛苦和悲劇都來自勉強。愛，需要我們用真心去經營，需要「順其自然」。過於勉強的愛，最後會變質的。

第五十三章 行於大道

【原文】

　　使我①介②然有知，行於大道，唯施③是畏。大道甚夷④，而人好徑⑤。朝甚除⑥，田甚蕪，倉甚虛，服文彩，帶利劍，厭飲食⑦，財貨有餘，是謂盜竽⑧。非道也哉！

【注釋】

　　①我：指有道的聖人。

　　②介：微小。

　　③施：邪、斜行。

　　④夷：平坦。

　　⑤徑：邪徑。

　　⑥朝甚除：朝政敗壞至極。

　　⑦厭飲食：飽得不願再吃。厭，飽足、足夠。

　　⑧盜竽：竽又作誇。即大盜、盜魁。

【譯文】

　　假如我稍有所知，在大道上行走，唯一害怕的是走上邪道。大道是平坦的，而人君偏偏愛走邪徑。朝政敗壞至極，農田已經荒蕪，倉庫已很空虛，你卻穿著錦繡的衣服，佩戴鋒利的寶劍，吃到飽得不願再吃，搜刮了過多的財貨。這就叫

做強盜頭子，這是不合於道的啊！

【經典解讀】

本章老子批判了那些君王的昏庸腐敗，社會的黑暗和統治者對百姓的恣意橫行、搜刮榨取，給人們的生活帶來了災難，以致於農田荒蕪，老百姓陷於飢餓狀況。而統治者卻依然過著荒淫奢侈、腐朽糜爛的生活。老子毫不留情地把那些腐敗的統治者比作強盜頭子。可見老子對當時社會現象表示了極大的憤慨。

本章最後老子說：「非道也哉！」即這是不符合道的。按照老子的學說，不符合道的規律是不會長久存在的。老子在警告那些統治者，他們的所作所為違背了道的法則，是會受到懲罰的。

【經典事例】

會飛的和尚

老子說：「大道甚夷，而人好徑。」其實愛走小路、邪路的人還不僅僅是老子所說的人君，拋開那些統治天下的君王不說，現實生活中同樣也有很多人，放著平坦的大路不走偏偏要去走小路、走歪路。因為走小路往往比走大路近，走歪路比走正道所得到的利益要快得多，也多得多。但是這種靠走歪路得來的東西多是多一些，只怕不能長久。這個會飛的小和尚就是因為走了歪路，不僅沒能保住那些得來的供養，反而丟掉了自己的性命。

從前有一個好吃懶做的小和尚，因為屢犯寺規而被趕出廟門，他十分懊喪，邊走邊哭。哭著哭著遇到一個鬼，這個鬼也是因為犯法，被毗沙門天王放逐。鬼

問和尚：「你有什麼心事，為什麼哭的這樣傷心？」

小和尚說：「我觸犯了僧戒，被逐出廟門。我沒有了施主的供養，而且壞名聲傳得遠近皆知，你說我能不傷心嗎？」

鬼對和尚說道：「就因為這件事呀？你先別哭，我可以讓你消除壞名聲，你可以站在我的左肩上，我將扛著你在天空中行走，別人只能見到你而看不到我。這樣人們都會認為你是得道的高人，就會給你很多供奉。但是我有一個條件，如果你得到了很多供養，你要先滿足我。讓我先享受一番。」

和尚一聽覺得這個主意不錯，一天到晚什麼都不用做，只要站在鬼的肩膀上就能得到很多的供養，就算先分給那個鬼一部分也還剩下很多。於是便答應了鬼的提議。

於是，鬼就扛著和尚，在和尚過去被趕走的那個地方行走。那個地方的人看到飛在空中的小和尚以後都十分驚訝，說這個和尚已經得道，就互相轉告道：「寺裡的眾僧不像話，錯逐了得道高人。」

於是，他們齊聚寺廟，斥罵眾僧。眾僧馬上迎接這個小和尚回到廟內，小和尚從此得到了很多供養之物，並把所得到的食物供養都先給鬼享受，不違背當初的諾言。

有一天，鬼又扛著小和尚在空中漫遊，正好碰上毗沙門天王屬下的司官。鬼一看到司官，嚇得魂都飛到了九霄雲外，慌忙扔下和尚隻身逃命。於是，和尚從高空中摔到地面，跌得腦漿迸裂，當場死掉。

自己的幸福還得靠自己勤勞的雙手和聰明的大腦，再加上自己的努力。什麼事情總想比別人少走幾步路，少付出一些努力，到最後免不了要在小路上摔跤。

第五十四章　善建者不拔

【原文】

善建者不拔，善抱①者不脫，子孫以祭祀不輟②。修之於身，其德乃真；修之於家，其德乃餘；修之於鄉，其德乃長③；修之於邦④，其德乃豐；修之於天下，其德乃普。故以身觀身，以家觀家，以鄉觀鄉，以邦觀邦，以天下觀天下。吾何以知天下然哉？以此。

【注釋】

①抱：抱住、固定、牢固。

②輟：停止、斷絕。

③長：尊崇。

④邦：國家。

【譯文】

善於立法者自己往往被禁錮在法律的規範之內抽不出身，善於聚攏徒眾的人也經常在徒眾之中脫不了身，後世對他的祭祀總不間斷（生前受到法律的紛擾，死後也不得安寧）。修德在個人的身上，表現出來的是純真；修德在一個家族，表現出來的是富餘；修德在一鄉，表現出來的是鄰里和睦相處；修德在一國，表現出來的是豐饒；修德在整個天下，表現出來的則是自由平等。因此以是否純真

213

去觀察一個人是否有德，以是否富裕觀察一個家是否有德，以鄰里是否和睦相處觀察一個鄉是否有德，以諸侯國的經濟是否豐饒觀察一個諸侯國是否有德，以天下百姓是否都自由平等觀察天下是否有德。我憑藉什麼去判斷天下是怎樣的一種狀況？就是以此為準則。

【經典解讀】

　　本章主要在講述道的主要功用，就是德治所給百姓帶來的好處。老子在正面講述德治的益處之前，先透過兩個事例從反面說明立法而治也就是有為而治所帶來的負面後果。老子說那些善於立法的人制訂了很多限制民眾的法律條令，但是往往到了最後他自己也不能逃脫法令的制裁。那些善於聚眾的人身邊聚集了好多黨徒，但是他往往會喪身在這些黨徒們的手裡。

　　所以，老子說應該以德治天下。接下來老子就從小到大一步步說明德治的重要性。修德反應在個人身上能夠使他仁厚純樸，反應在一個家族那就是富餘，反應在一鄉那就是和睦，反應在一國那就是豐饒，反應在整個天下，那表現出來的便是自由和平等。所以只有德治才能給民眾帶來富足，給天下帶來穩定，這才是治理天下的好辦法。靠立法治民不僅不利於民，到最後還會禍及自身。

【經典事例】

惡人還需惡人治

　　老子說善於立法來壓制百姓的人，到最後往往自己也難以逃脫法律的制裁。那些整天為非作歹的惡人們到頭來也沒有幾個能夠善終的。那些大權在握的官吏

們在位時機關算盡不知斷送了多少人的性命，一旦自己失勢，少不了還得斷送在他人的手裡。

來俊臣和周興是唐朝武則天時期最為有名的兩個酷吏。那時候武則天為了奪取和鞏固皇位，鼓勵告密，並利用來俊臣、周興他們這一批酷吏，兇狠地鎮壓反對者 ㄅ一時告密誣陷成風。那正是來俊臣、周興等酷吏春風得意的時候，他們費盡心思研究出各種殘酷的刑法，來對付朝廷上的那些忠臣義士。對他們嚴刑逼供，手段之殘忍簡直毫無人性可言。那段時間不知道有多少對唐朝忠心耿耿的大臣死在他們的嚴刑拷打之下。到最後他們的暴行造成冤獄遍地，群臣憤懣，人心浮動。

武則天在自己的皇位鞏固之後，也對這種情況感到不安。於是，啟用了一些正直的大臣，查處了一些冤案，並開始懲治一些酷吏，以穩定政局。

不久，酷吏丘神績因罪被殺，有人告發周興與丘神績通謀。武則天令來俊臣審理此案，來俊臣雖與周興同夥，但自己嗜殺成性，又要取信於武則天，那就要不擇手段地對周興下手。有一天他把周興請到自己家裡來喝酒，喝著喝著來俊臣裝出一副為難的樣子對周興說：「小弟最近遇到了一椿非常難辦的案子，那個罪犯非常的狡猾，就是不肯認罪，你說我該怎麼辦呢？」周興笑道：「憑你的手段，還怕他不認罪，就先把他砍了，再立個假案奏報就行了！」來俊臣說：「這種辦法只能用來嚇唬那些貪生怕死的人，但對那種死硬的囚徒也無可奈何啊！你不是就遇到過郝象賢那樣的人嗎？」（郝象賢臨死時還罵不絕口）周興想了一會兒說：「我有一條妙計，包管叫他開口，用一大甕，四周點燃柴火，他不說，就將他投入甕中。」

來俊臣點首稱妙。於是立即令人抬來大甕，放在院中，如法炮製。周興不解地問：「罪犯在哪裡？」來俊臣說：「不瞞你說，有人告發你，我接到皇上密旨，皇上派我審理，請快入甕吧！」周興嚇得魂飛魄散，跪地求饒，在大甕面前，只得服罪。

這就是歷史上非常有名的「請君入甕」的典故，以來俊臣方面說，他是以其人之道還治其人之身。從周興這一方面來看那可純粹就是自作自受了。

閱讀筆記

第五十五章 含德之厚

【原文】

含德之厚，比於赤子①。毒蟲不螫②，猛獸不據③，攫鳥④不搏。骨弱筋柔而握固。未知牝牡之合而朘⑤作，精之至也。終日號而不嗄⑥，和之至也。

知和曰「常」⑦，知常曰「明」，益生曰祥，心使氣曰強。物壯則老，謂之不道，不道早已。

【注釋】

①赤子：初生的嬰兒。

②螫：毒蟲子用毒刺咬人。

③據：獸類用爪取物品。

④攫鳥：用腳爪抓取食物的鳥。

⑤朘：男孩的生殖器。

⑥嗄：聲音嘶啞。

⑦知和曰「常」：常指事物運作的規律。和，指陰陽二氣合和的狀態。

【譯文】

　　具有深厚道德涵養的人，就好比初生的嬰兒。毒蟲不螫他，猛獸不傷害他，兇惡的鳥不攻擊他。他的筋骨雖柔弱但拳頭握東西卻很牢固。他雖然不知道男女

的交合之事但小生殖器卻常勃起，這是他的精氣充足的緣故。他整天啼哭但嗓子卻不沙啞，這是因為人體元氣淳和的緣故。知道自然界相協和的道理叫做常理，知道常理的叫做明智。有益於人類生存的叫做吉祥，能用意志支配行動的人叫做強者。事物過於強壯就會走向衰老，這就叫做不合於道，不遵守常道就會很快地滅亡。

【經典解讀】

老子以嬰兒來比喻具有深厚道德涵養的人，嬰兒只因為具有天生的純樸，而且嬰兒不會傷害任何事物和任何人，所以外物即毒蟲、猛獸和兇惡的鳥都不會去傷害他。每個人都是從嬰兒而慢慢成年。隨著個人周圍環境的不同，因而有些人的性格會有不同的改變。有的人從天生的純樸變得狡詐，但也有一些人仍然保持了天生品格。那就是老子所說的具有深厚道德涵養的人，才有和嬰兒一樣具有純真的品格。

【經典事例】

最美的姑娘

老子說具有深厚道德涵養的人，毒蟲不螫他，猛獸不會傷害他，兇惡的鳥兒也不敢攻擊他。其實對女孩子來說，真正的美德還能夠使她變得更加漂亮，只有她的那種美才算得上是真正的美。有一個故事說，從前有個大財主，他有7個女兒，個個花容月貌，美豔無比。但是她們都非常的傲慢，非常的不懂禮貌，還非常的懶惰。但是這個財主並不覺得這有什麼不好，他覺得他的幾個女兒都是天底下最美的姑娘。所以每當有人來他們家做客的時候，財主總要讓他的女兒們在一

旁站著。因為他最想聽到的就是客人們的讚嘆聲，事實上也的確如此。每個客人看到她們的美貌都忍不住要讚美一番，每當客人一誇完她們，財主就趕緊讓她們回房，怕被客人知道她們不懂禮貌。

有一天來了個客人，這個客人是財主的老朋友，他非常瞭解她們的品行。當財主照樣又讓他看自己的女兒，然後問他美不美的時候，那個人說：「這樣吧，你將女兒盛裝打扮，去各地街上行走，如果每個人都說她們美，我就給你500兩黃金，只要有一個人說不美，你就輸給我500兩黃金，怎麼樣？」

財主心動了，於是欣然同意。

他帶著女兒在各地遊走，剛開始大街上的人們看見她們長得花容月貌，也都忍不住誇獎幾句。每個人都說他的女兒漂亮，眼看500兩黃金就要到手了，財主感到非常的得意，就讓他的女兒接著往前走。但是走著走著人們就發現了，這些剛開始看還挺好看的姑娘怎麼老是一臉冷冰冰的樣子，看著看著就不覺得好看了。而且她們走起路來也完全沒有女孩子的樣子，越看越難看。於是人們就又不停地說：「其實也不怎麼好看，看她們走路的樣子，怎麼那麼難看？」

聽到這些話財主非常不高興，問旁邊的人：「剛才城裡的每個人都說她們漂亮，怎麼一轉眼就說不漂亮呢？」

那個人回答說：「我們剛開始沒看清楚，只看到了她們的面容，沒看到她們的心靈。你看看她們冰冷的表情和輕蔑的眼神，還有走起路來七扭八拐，這也能叫做美嗎？」財主聽了那個人的話，灰頭土臉地走了。當然，他也輸了500兩黃金。

美不美不光是看外表，關鍵還是在人的心靈，只有心靈美的人那才叫做真正的美。

第五十六章 是謂玄同

【原文】

知者不言，言者不知。塞其兌，閉其門①；挫其銳②，解其紛；和其光，同其塵，是謂玄同③。故不可得而親，不可得而疏；不可得而利，不可得而害；不可得而貴，不可得而賤④。故為天下貴。

【注釋】

①塞其兌，閉其門：塞堵嗜欲的孔竅，關閉起嗜欲的門徑。

②挫其銳：挫去其銳氣。

③玄同：玄妙齊同，此處也是指「道」。

④不可得而親，不可得而疏；不可得而利，不可得而害；不可得而貴，不可得而賤：
　這幾句是說「玄同」的境界已經超出了親疏、利害、貴賤等世俗的範疇。

【譯文】

真正聰明的智者是不誇誇其談的，而到處說長論短的人不是聰明的智者。塞堵嗜欲的孔竅，關閉起嗜欲的門徑。不露鋒芒，消解其紛擾，收斂其光耀，混同其塵世，這就叫做深奧的玄同。達到玄同的境界的人已經超出了親疏、利害、貴賤等世俗的範疇。所以為天下人所尊重。

【經典解讀】

老子認為真正得道的高人，是不會隨便高談闊論的，他們總是很謙虛，保持低調。而到處侃侃而談、說長論短來顯示自己的人，其實不是有知識的人。本章是老子對達到玄同境界的人的推崇。他認為達到玄同境界的人已經超出了親疏、利害、貴賤等世俗的範疇。為天下人所尊重。

【經典事例】

馬謖失街亭

在歷史上，馬謖雖說算不上是什麼大人物，可是他的知名度卻很高。不過，街亭之敗畢竟是馬謖人生的一大敗筆。

西元227年，諸葛亮帶領大軍駐守漢中，想隨時找機會進攻魏國。諸葛亮首先採用聲東擊西的辦法，傳出消息，要攻打郿城（今陝西眉縣），並且派大將趙雲帶領一支人馬，進駐箕谷（今陝西褒城北），裝出要攻打郿城的樣子。魏軍得到情報，果然把主要兵力去守郿城。諸葛亮趁魏軍不防備，親自率領大軍，突然從西路撲向祁山（今甘肅禮縣東）。

諸葛亮到了祁山，決定讓中參軍馬謖帶一支人馬去佔領街亭（今甘肅莊浪東南），作為據點。馬謖這個人確是讀了不少兵書，平時很喜歡談論軍事。諸葛亮找他商量起打仗的事來，他就誇誇其談，也出過一些好主意，因此諸葛亮很信任他。

馬謖和王平帶領人馬到了街亭，這時號稱曹魏「五虎大將」之一的張郃也正

帶領著魏軍從東面開過來。馬謖看了看地形，便對王平說：「我看這一帶地形險要，街亭旁邊有座山，我們可以在山上紮營，佈置埋伏。」

王平說：「丞相命我們堅守城池，穩紮營壘，在山上紮營太冒險了。」

馬謖雖熟讀兵書，但他沒有打仗的經驗，卻又自以為是。根本不聽王平的勸告，堅持要在山上紮營。王平再三勸阻馬謖都沒有用，只好請求馬謖撥給他一千人馬，讓他在山下臨近的地方駐紮。

張郃率領魏軍趕到街亭，他一看馬謖把人馬駐紮在山上，卻不去守城池。便暗自高興，心想馬謖真是不會帶兵，這一次定讓他全軍覆沒。便吩咐手下將士，在山下築好營壘，把馬謖紮營的那座山圍困起來。

馬謖幾次命令兵士衝下山去，但是由於張郃堅守住營壘，蜀軍無法攻破，反而被魏軍亂箭射死了不少人。張郃既老謀深算，詭計多端，又驍勇善戰，指揮若定。他讓魏軍切斷了山上的水源。

馬謖的軍隊因山上斷了水，連飯都做不成，時間一長，兵士們都堅持不住了紛紛逃散，馬謖要禁也禁不了。張郃看準時機，發動總攻。最後，馬謖只好自己殺出重圍，往西逃跑。

王平帶領一千人馬，穩守營盤。他得知馬謖失敗，就叫兵士拼命打鼓，裝出進攻的樣子。張郃懷疑諸葛亮設下埋伏，不敢逼近他們。於是王平帶著隊伍向後撤退，不但一千人馬一個也沒損失，還收容了不少馬謖手下的散兵。

街亭失守。蜀軍失去了重要的據點，又喪失了不少人馬。諸葛亮為了避免遭受更大損失，決定把人馬全部撤退到漢中。

　　諸葛亮回到漢中，經過詳細查問，知道街亭失守完全是由於馬謖違反了他的作戰部署。馬謖也承認了他的過錯。諸葛亮按照軍法，把馬謖下了監獄，定了死罪。

　　馬謖的失敗完全是由於他的自大、驕傲。他總是誇誇其談，自以為是，聽不進別人的建議。老子言：「知者不言，言之不知。」以侃侃而談、說長論短來顯示自己的人，其實不是有知識的人。說的就是像馬謖這樣的人。

閱讀筆記

第五十七章 以正治國

【原文】

　　以正①治國，以奇②用兵，以無事③取天下。吾何以知其然哉？以此④：天下多忌諱⑤，而民彌貧；人多利器，國家滋昏；人多伎巧⑥，奇物滋起；法令滋彰，盜賊多有。故聖人云：「我無為，而民自化⑦；我好靜，而民自正；我無事，而民自富；我無欲，而民自樸。」

【注釋】

　　①正：此處指老子的無為之道。

　　②奇：奇巧、詭計。

　　③事：指戰事、擾民之事。

　　④以此：以下面這段話為根據。此，指下面一段文字。

　　⑤忌諱：禁忌、避諱。

　　⑥人多伎巧：伎巧，指技巧、智巧。此句意為人們的技巧很多。

　　⑦我無為，而民自化：自化，自我化育。我無為而人民就自然順化了。

【譯文】

　　以無為之道來治理國家，以詭秘的辦法去用兵，以不去擾民來取得天下。我怎麼知道應該這樣做呢？以下面這段話為根據：天下的禁忌越多，人們就越貧

困；人們的銳利武器越多，國家就越混亂；人們的技巧越多，邪惡的怪事就越鬧得厲害；法令越是森嚴，盜賊就越多。所以聖人說：「我順其自然，人民就自我化育；我守靜，人民就自我端正；我不擾民，人民就自然富足；我沒有私欲，而人民就自然純樸。」

【經典解讀】

本章老子講述了國君的治國之道。老子以「天下多忌諱，而民彌貧；民多利器，國家滋昏；人多伎巧，奇物滋起；法令滋彰，盜賊多有」來舉例，說明只有「以無事取天下」，國家才可以安定，人民才能夠富足、守紀，民風才能自然純樸。

【經典事例】

周亞夫用兵以奇

就像老子說的那樣，以正治國，以奇用兵。兵家之祖孫武也說兵不厭詐，在戰場上往往沒有什麼規律可循，只能根據不同的情況做出不同的應變。這才能達到出奇制勝的目的。

西元前154年（漢景帝三年），吳、楚等地諸侯反叛朝廷。焦急萬分之際，漢景帝劉啟派周亞夫統率大軍，前往平定亂事。

周亞夫接受命令後，統領著36位將軍，率領部隊浩浩蕩蕩地往東直指吳、楚等七國而來。周亞夫察明形勢後，親自向漢景帝呈上一份緊急奏章稟明情況，要求暫時先不和叛軍正面交戰。希望能夠行欲擒故縱之計，暫時放棄保衛梁地，讓

叛軍佔領，然後斷絕吳、楚的糧道，漢景帝答應了這個要求。

　　周亞夫率兵集結在滎陽。吳國叛軍正猛攻梁國，梁國吃緊，屢屢向周亞夫求援。周亞夫置之不理，卻偏偏親率軍隊向東北駐紮於昌邑城，挖深城池，堅守不出。

　　周亞夫這種「見死不救」的做法惹惱了梁孝王，他直接上書漢景帝，向漢景帝求救。

　　漢景帝也有點著急，他馬上派遣使者令太尉發兵救梁。京城使者到達滎陽軍營，當面宣讀了漢景帝要求周亞夫出兵的詔書，誰知道周亞夫聽完詔書就像是沒聽到一樣仍固守壁壘，不出兵救梁，那宣讀詔書的使者只好乾瞪眼。

　　其實，善於用兵的周亞夫根本就沒閒著，他在時刻關注著戰場上形式的變化，隨時準備剿滅叛軍。就在他拒絕出兵跟叛軍正面交鋒的同時就已經派出了精幹的輕騎兵，長驅直入，悄悄斷絕了吳、楚軍隊後面的糧道。

　　吳、楚軍隊的糧道一斷，他們就顯得沉不住氣了。他們整個軍營都籠罩著飢餓陰影，已開始忍著飢餓屢屢向漢軍挑戰，但是周亞夫仍然命令部隊不准出戰。以致於到了後來連漢軍裡面的有些將士都感到非常的不理解。有一天晚上，漢朝軍隊內為出兵不出兵的事吵鬧不停，直鬧到周亞夫帳下。但是周亞夫仍然呼呼大睡，就好像帳外的喧鬧根本就不存在一樣。

　　周亞夫就這麼一天一天地跟對方這麼耗著，因為他心裡明白吳楚軍隊的糧道已經被斷了，他們堅持不了多長的時間。事實正像他所想的那樣，到後來吳、楚的軍隊已經被他拖得疲憊不堪了，他們急著要尋找突破口。於是吳王劉濞調兵遣

將，圍住了昌邑城。一天，叛軍如蟻襲擊城的東南角。聽完軍情彙報，周亞夫很快就明白敵人這是採用聲東擊西之計。於是就調動漢營士兵悄悄加強西北角的防備。吳國精銳部隊果真猛攻西北角。那裡有周亞夫增調的大批的漢軍，吳軍哪裡攻得進去？加上吳、楚將士腹內空空飢餓難當，士氣一落千丈，不一會兒就敗下陣來了。

　　這時候周亞夫感到時機已經成熟，長劍一揮，早就準備好的一支精銳勁旅呼嘯而出，追擊吳兵。吳王劉濞見勢不妙，馬上拋棄大隊人馬，只率數千壯兵倉皇逃竄。一個多月後，吳王被越國人斬下了腦袋。吳國叛亂徹底平息。

　　周亞夫能夠很快就取得戰爭的勝利，完全取決於他的用兵之道。取決於他的不按常理出牌，當敵人士氣正旺的時候不和敵人正面交鋒。等到敵人士氣低落的時候再將敵人一舉擊敗。

第五十八章 福禍倚伏

【原文】

其政悶悶[①]，其民淳淳[②]；其政察察[③]，其民缺缺[④]。禍兮，福之所倚；福兮，禍之所伏。孰知其極：其無正[⑤]也。正復為奇，善復為妖[⑥]。人之迷，其日固久。是以聖人方而不割，廉而不劌[⑦]，直而不肆，光而不耀。

【注釋】

①悶悶：昏昧的狀態，有寬厚的意思。

②淳淳：又作「沌沌」，淳樸厚道的意思。

③察察：嚴厲、苛刻。

④缺缺：狡黠、抱怨。

⑤正：標準、確定。

⑥正復為奇，善復為妖：奇：反常、邪；妖：邪惡。此意是正的轉變為邪的，善良的變成邪惡的。正：方正、端正。

⑦廉而不劌（ㄍㄨㄟˋ）：廉：銳利；劌：割傷。此句意為：銳利而不傷害人。

【譯文】

君王為政寬厚，人民自然純樸厚道；君王為政苛刻，人民自然狡黠。災禍啊，福祥就倚傍在它旁邊；福祥啊，災禍就藏伏在它的裡面。誰能知道究竟是災

228

禍還是幸福呢？它們並沒有一個標準。正的轉變為邪的，善良的變成邪惡的。對此人們很迷惑，時間已很久了。因此，聖人處世方正而不生硬，銳利而不傷害人，直率而不放肆，光亮而不耀眼。

【經典解讀】

本章的前兩句說，君王的為政之道直接會導致民心民風的純樸或狡黠。提出有什麼樣的君王就會有什麼樣的百姓，告誡當政的統治者要以寬厚的道、德來治理天下。但這並不是本章的重點，本章的中心是提出了「禍兮，福之所倚；福兮，禍之所伏」的觀點。老子認為福祥和禍患是沒有定規的，它們之間是可以相互轉換的。有些事情看起來是好事它卻可能帶來禍患，有些看起來不祥的事情卻也能夠因禍得福。

應該說老子的這種福禍相互轉換的觀點是具有非常重要的現實意義的。也被後來者廣為接受，這種觀點的提出跟老子生活的社會環境也有著很大的關係。老子所生活的春秋時期，正是腐朽的奴隸制度開始沒落的時期，社會的政權更迭非常的頻繁。老子從這種頻繁的變化中導出他的福禍轉換的理論，可以看出老子深刻的觀察力。但是老子把福禍的這種轉換看成是絕對的、自發的，他忽視了轉換過程的諸多因素，和人的努力的影響。這也可以說是當時時代的侷限性。

【經典事例】

塞翁失馬

有時候失去不見得是件壞事，也許由於失去會給你帶來好運。雖然在許多人

看來這只是傷心時的自我安慰罷了。當然在我們現實當中有些失去的，可能將永遠找不回來了。那我們只能以樂觀的心態去看待它。但有時事情也並非如此，下面這則塞翁失馬的故事，也許會給許多人帶來啟示。

戰國時期，有位名叫塞翁的老人。他愛好養馬，家中養了許多馬。塞翁的獨生子非常喜歡騎馬，看到好馬更是高興至極。

這天馬群中有一匹馬走失了。塞翁的家人都很不高興。鄰居們聽到此事，都來安慰他不必太著急，年齡大了，多注意身體。塞翁卻笑著說：「丟了一匹馬損失不大，說不定還會帶來福氣。」

鄰居們聽了塞翁的話，心裡覺得挺好笑。馬丟了，明明是件壞事，他卻認為也許是好事，顯然是自我安慰而已。可是過了沒幾天，遺失的那匹馬不僅自己回家，還帶回一匹駿馬。

鄰居聽說馬自己回來了，非常佩服塞翁的預見，向塞翁道賀說：「還是您老有遠見，馬不僅沒有丟，還帶回一匹好馬，真是福氣呀！」

塞翁聽了鄰人的祝賀，反而一點高興的樣子都沒有，憂慮地說：「白白得了一匹好馬，不一定是什麼福氣，也許會惹出什麼麻煩來。」鄰居們聽了都很不高興，以為他故作姿態，純屬老年人的狡猾。心裡明明高興，有意不說出來。

塞翁的獨生子發現帶回來的那匹馬顧盼生姿，身長蹄大，嘶鳴嘹亮，剽悍神駿，一看就知道是匹好馬。於是他每天都騎馬出遊。

一天，他又像往常一樣騎著那匹馬出遊，心裡非常高興，急速地打馬飛奔，一個趔趄，從馬背上跌下來，摔斷了腿。鄰居們聽說都來慰問。

塞翁說：「沒什麼，腿摔斷了卻保住性命，或許是福氣呢！」鄰居們覺得他又在胡言亂語。他們想不出，摔斷腿會帶來什麼福氣。

不久，匈奴兵大舉入侵，年輕人被應徵入伍，塞翁的兒子因為摔斷了腿，不能去當兵。入伍的青年都戰死了，唯有塞翁的兒子保全了性命。

這則故事正反映了老子所說的「禍兮，福之所倚；福兮，禍之所伏」的道理，福祥就倚傍在災禍旁邊；災禍就藏伏在福祥的裡面。所以，我們在遇到高興的事情時，在你有所成就時，都不要過於興奮。在遇到傷心的事情時，也不要過於傷心。只有時常保持一顆平常心，幸福和快樂才會常伴隨著你。

閱讀筆記

第五十九章　治人事天

【原文】

治人事天[①]，莫若嗇[②]。夫唯嗇，是謂早服[③]；早服謂之重積德[④]；重積德則無不克；無不克則莫知其極，莫知其極，可以有國；有國之母[⑤]，可以長久。是謂根深固柢，長生久視[⑥]之道。

【注釋】

①治人：治理百姓。事天：保守精氣、養護身心。

②嗇：愛惜、保養。

③早服：早做準備。

④重積德：不斷地積德。

⑤有國之母：有國，含有保國的意思。母，根本、原則。

⑥長生久視：長久地維持、長久存在。

【譯文】

治理百姓養護身心，沒有比注重愛惜精力更為重要的了。愛惜精力，應早做準備；早做準備就是不斷地積德；不斷地積德就沒有什麼不能克服的；沒有什麼不能克服的那就無法估計他的力量；具備了這種無法估量的力量，他就可以擔當保護國家的重任。有了治理國家的根本，國家才可以長治久安。這就叫做根深柢

固，符合長久維持之道。

【經典解讀】

「嗇」是老子在這一章當中論述的中心話題，老子說「嗇」是治人事天深根固柢的原則。為了說明這一問題，老子採用層層深入遞進的方法一步一步地來論述。不過在這裡我們要先明白老子所說的「嗇」並不是指一味的吝嗇，當然也並不是單純指財物上的。這裡老子所說的吝嗇其實就是在精神上注意積蓄、養護，厚藏根基，培植力量。要做到這一點，就只有累積雄厚的德，有了德，也就接近了道，這就與聖人治國聯繫在一起了。

上面說的是「嗇」對於統治者治理國家的重要作用，至於對我們個人來說，它的作用也是不可低估的。一直以來節儉都被視為修身治家的三大法寶之一，積少成多也是非常重要的。

【經典事例】

鹿王的忠告

老子說君王治理國家最好的辦法就是要注意平時不斷地積德，而君王的德就是要以仁愛之心治天下。要愛護天下的每一個子民，不重稅剝削，不殘酷壓榨，不濫殺無辜。這樣他的百姓才能夠安居樂業，他的統治才能夠穩定長久。

曾經有一個國王，他對待治下的百姓非常的殘暴，動不動就對他們進行鞭打，甚至會無緣無故地置他們於死地。他的這種暴行激起了天下百姓的強烈不滿，他們在偷偷商量著要用武力推翻他的統治。上神知道了這件事，因為祂不願

再看到有那麼多的人在戰爭中死去，就化身為森林深處的一隻十分仁慈的鹿王。

這位鹿王非常愛護自己的部下，因而森林裡的鹿都很尊敬牠、愛戴牠，跟隨牠的鹿也越來越多。有一天這位鹿王帶著牠的鹿群來到國王皇家林苑裡。

一個守園林的士兵發現了牠們，就去報告國王。國王知道自己的園林裡來了很多的鹿激動得手舞足蹈，馬上派人將園林包圍了起來。等那些在園林裡吃草的鹿意識到危險的時候牠們已被團團圍住。

在這危急關頭，鹿王面對著這突如其來的危險，顯得非常的沉著冷靜。牠先告訴大家不要慌，跟著牠走。牠帶領鹿群在一塊最矮的柵欄前面停下來，然後讓所有的鹿排成一隊。最老的和最年幼的小鹿排在隊伍的最前面，然後是雌鹿，身體強壯的成年雄鹿排在隊伍的最後面。然後牠跑到離圍欄不遠的地方，跪下兩隻前腿，對鹿群喊道：「快！蹬著我跳出圍欄，你們就能活命了！」

於是群鹿一隻接著一隻，都蹬著鹿王的身體跳出了圍欄，獲得了自由。鹿王卻因而身受重傷，血流不止，撲倒在地，動彈不得。那些已經跳出去的鹿看到鹿王身受重傷，都在圍欄外邊自動聚攏過來，哀聲啼叫，不肯離去，絲毫沒有想到自身的危險。

國王看到所發生的一切，感到非常的不理解，就連忙蹲下來問鹿王：「這是怎麼回事？我跟你一樣，我也是個王。但是當遇到危險的時候我會讓他們去為我擋住。我好找機會脫身，而你怎麼會做這樣的傻事呢？」鹿王回答說：「陛下！是我沒有管教好群鹿，為了尋找草場而侵犯了您的林苑，我的罪是很深重的。現在，我身體受了重傷，肉也殘缺不全，但內臟仍是完好無缺的，我情願供您做一頓早餐，但請不要殺害其他的鹿吧！牠們沒有錯。」

　　國王聽了這番話，感動得熱淚直流，說：「你雖然是牲畜，卻具有天地間最高尚的慈善心腸，願意犧牲自己來拯救別人；而我身為國王，卻要殺害生靈，真是罪惡深重啊！」

　　幾天以後傷勢過重的鹿王死了，但是牠的死卻驚醒了殘暴的國王。從此國王受鹿王的點化再也不對他的百姓胡亂使用暴力了。他的百姓覺得他們的國王變了，不再像以前那樣殘暴了，就放棄了造反的計畫。

第六十章　德交歸焉

【原文】

治大國，若烹小鮮①，以道蒞②天下，其鬼不神③。非④其鬼不神，其神不傷人。非其神不傷人，聖人亦不傷人。夫兩不相傷⑤，故德交歸焉⑥。

【注釋】

①小鮮：小魚。

②蒞：臨。

③其鬼不神：鬼神起不了作用。

④非：不唯、不僅。

⑤兩不相傷：鬼神和聖人都不傷害人。

⑥故德交歸焉：讓人民享受德的恩賜。

【譯文】

治理大國，如同煎煮小魚一樣。用道治理天下，鬼怪起不了作用，不但鬼怪起不了作用，神祇也不侵越人。不但神祇傷害不了人，而聖人也不會傷害人了。這樣，鬼神和有道的聖人都不傷害人，所以人民就可以享受到德的恩賜。

【經典解讀】

　　在這一章裡老子做了一個非常有趣的比喻，他說統治者治理國家就像廚子在煎煮小魚一樣。為什麼這麼說呢？因為這兩者有一個共同之處，那就是多動不如少動，有為不如無為。小魚的肉很鮮嫩，用刀亂切或在鍋裡頻頻攪動，肉就碎了。把這個道理用來比喻治理國家，那就是老子翻來覆去一再說的無為而治，對民眾的管理關鍵在於穩定，使已有的條令能夠得到穩定的貫徹那才是最好的事情，就會收到富國強兵之效。這樣一切外在的力量，都不至發生禍難的作用。反之，如果統治者以主觀意志隨意左右國家政治，朝令夕改、朝三暮四、忽左忽右，老百姓就會無所適從，國家就會動亂不安，災禍就要來臨。要保證國家的平安也就成了一句空話了。

【經典事例】

子產治國

　　子產是春秋時鄭國的宰相，他擔任宰相期間實行了一系列政治改革，承認私田的合法性，向土地私有者徵收軍賦；鑄刑書於鼎，為我國最早的成文法律。他主張保留「鄉校」，聽取「國人」意見，善於因才任使，把國家治理得有條不紊，深得民心。

　　子產治國特別注意策略，根據當時情況，他認為鄭國要求得生存，當務之急是增強國力。於是子產一方面提倡振興農業，另一方面為確保軍事費用，決定徵收新稅。一時間，民怨四起，許多人對他恨得咬牙切齒，甚至有人還密謀殺害他。他的家人和朋友都紛紛勸他改變主張，朝中大臣也站出來反對他的政策。

而他對自認為有利於國家的改革，卻不顧輿論反對，強制推行。他說道：「我所做的一切都是為國家和人民著想，即使犧牲我自己的名利也是值得的。我決心一如既往地貫徹我的政策。老百姓的責難只是因為我的政策還沒有收到一定的效果。過一段時間後，他們就會明白的。」

果然，過了幾年，鄭國的農業振興計畫收效甚大，百姓的生活水準得到了提高，軍隊也逐步強大起來，足以抵抗外來的入侵。鄭國在諸侯國中逐漸樹立起不可動搖的地位。

再一個就是子產主張保留鄉校，為此鄭國的教育文化事業得以繁榮發展。

當時，鄭國為了大力培養知識分子，在各地普遍設立了學校，叫做「鄉校」。但是許多對當政者不滿的人就利用鄉校傳播與統治者相反的觀點。若任其發展，就會不利於民心安定，對統治也會造成威脅。因此，許多大臣提議關閉鄉校。

子產他卻這樣說道：「那些人聚集在鄉校談論國事，我們就可以從中汲取有益建議，不斷改良我們的政策，這樣看來，不是一件好事嗎？」

子產還借用了一個比喻，繼續說：「人們的言論就好比是河川裡的水，如果我們鉗制他們的言論，就如堵塞河水一樣。儘管暫時控制住了，不久那些不滿就會像洪水一樣滾滾而來，堤壩和堰塘終將被沖毀。與其這樣，還不如疏通流水，引導它們暢通無阻地流出來，這樣不是更合適嗎？」

由於子產廣開言路，用其所長，並能廣泛聽取建議，擇善而從。他的改革成效顯著，人們又普遍歌頌他的政績，甚至擔心後繼乏人。

　　子產深知，如果君王的法令過於嚴格、苛刻，就會使人們畏懼而遠之；如果太寬鬆，就會使臣子驕縱跋扈，不易駕馭。所以必須恩威並濟，把握好時機和火候，這正如老子所言：「治大國如烹小鮮。」

閱讀筆記

第六十一章 大邦者下流

【原文】

大邦者下流①，天下之牝，天下之交②也。牝常以靜勝牡，以靜為下。

故大邦以下③小邦，則取小邦；小邦以下大邦，則取大邦。故或下以取，或下而取。大邦不過欲兼畜人④，小邦不過欲入事人。夫兩者各得所欲，大者宜為下。

【注釋】

①邦：又作國。下流：水匯聚的地方。

②交：會集、彙總。

③下：謙下。

④兼畜人：把人聚在一起加以養護。

【譯文】

大國要像江海一樣居於下游，要像雌性那樣安靜。使天下百川河流交匯在這裡。雌性通常以安靜勝過雄性，因為她柔靜而又能處下的緣故。

因此，大國對小國謙下，則可以主導小國；小國對大國謙下，則可以謀求大國的支持。所以，有的憑謙下態勢以佔居主導地位，有的以謙下則可以使自己取得大國的支持。大國不過是希望聚養小國，小國不過是希望依附於大國。它們雙

方要達成各自的願望，大國應該善於處下。

【經典解讀】

　　跟上一章不同，在這一章裡老子沒有再對統治者如何治理天下百姓做進一步的論述，而是提出了一個新的話題，如何營造一個和諧平定的國際環境。老子說在國與國之間，大國應該謙讓，應該以較低的姿態和周邊的比較弱小的國家相處。在這裡老子做了兩個比喻，柔弱的雌性總是安靜地甘居下位卻總能勝過處於上位的雄性。大海總是處在河流的最低處，但是所有的江河溪流到最後全都得歸於大海。從堆疊物體的方法上來看也是這樣，在大小不一的物體堆疊在一起的時候，大的處於下位是最好的組合方式，只有大的居於下位整個組合才會穩定。

　　所以老子說下位其實是有利的位置，大國以低姿態謙讓就能夠使小國臣服。小國要是懂得謙讓的話就能夠換得大國的支持，同樣也是有利的舉動。這樣大家就能夠各自滿足自己的需要，用現在話說那就是達到一種雙贏甚至是多贏的效果。

【經典事例】

劉公忍讓遠災

　　清朝的時候在江淮一帶有一個大戶望族劉公，家中非常的富有，但是他為人卻非常的謙虛、謹慎，從不和人爭一時之長短，別人覺得不能夠忍受的事情，他總能一笑置之。

　　一次他乘船過市橋，有人挑著糞從橋上往下面的船中倒，糞濺到劉公的衣服

上。劉公一看原來還是他以前的鄰居，看到劉公滿身的糞汁，跟在左右的僕人們怒不可遏的要揍那個倒糞的人，劉公連忙攔住他們說：「他肯定沒認出來是我們，要不然他怎麼會這樣對待他的老鄰居呢？」回到家中，劉公認真翻閱帳本，查出這個人原來欠了他三十兩銀子沒還。劉公推斷那個人是藉機尋釁，以求一死，於是有意為那個人減了債務。

又有一次快到年底的時候，劉公正在自家的當舖裡算帳，忽聞門外一片喧鬧聲，原來又是他的一個鄰居在那裡鬧。站櫃檯的夥計上前對劉公說：「他將衣服押了錢，今天空手來取，不給，他就破口大罵，有這樣不講理的嗎？」那個人氣勢洶洶，不肯認錯。

劉公二話不說就命店員找出典物，共有衣物、蚊帳四、五件。劉公指著棉襖說：「這件衣服抗寒不能少。」又指著道袍說：「這件給你拜年用。其他東西現在不急用，可以留在這兒。」那個人拿到兩件衣服，無話可說，悄悄地離開了當舖。

當天夜裡，他的那個鄰居竟然死在別人家裡。他的親屬與那家人打了一年多的官司。原來那個人因負債多，已服毒，知道劉家富貴，想敲筆錢，結果劉公的忍讓讓他無話可說，只好到另外一戶富人家裡去了。

俗話說：「樹大招風。」一個人要是太富有了就難免會招來某些人的非分之想。他們總是千方百計找機會佔點便宜，但是劉公忍讓、謹慎的態度每次都能讓他遠離災禍。面對別人的無理取鬧，能夠採取理智大度的處理方法，這樣就能換得一生的平安，這不就是老子所說的「牝常以靜勝牡」的道理嗎？

第六十二章　道之爲寶

【原文】

道者，萬物之奧①，善人之寶，不善人之所保。美言可以市尊②，美行可以加人③。人之不善，何棄之有？故立天子，置三公④，雖有拱璧以先駟馬⑤，不如坐進此道。古之所以貴此道者何？不曰：求以得⑥，有罪以免邪？故爲天下貴。

【注釋】

①奧：主宰。

②美言可以市尊：美好的言辭，可以換來別人對你的尊重。

③美行可以加人：良好的行爲，可以有利於他人。

④三公：太師、太傅、太保。

⑤拱璧以先駟馬：拱璧，指雙手捧著寶玉；駟馬，四匹馬駕的車。古代的獻禮，輕物在先，重物在後。

⑥求以得：有求就得到。

【譯文】

道是萬物的主宰，善良人的法寶，不善良的人也用它保護自己。美好的言辭可以換來別人對你的尊重，良好的行爲可以有利於他人。人群中那些不善良的人，怎能拋棄他呢？所以在立天子、置三公時，雖有拱璧在先、駟馬在後的獻禮

243

儀式，還不如把道進獻給他們。古人為什麼要貴重道呢？不是說：有求的就可以得到，有罪的就能獲赦免嗎？所以道為天下人所尊貴。

【經典解讀】

在這一章當中老子又一次強調道主宰萬物的重要性和蔭蔽一切的巨大作用。之所以說道能夠蔭蔽一切，那是說它不僅可以使那些善良的人能夠得到好處，就算是那些犯有過失的所謂的壞人，只要他們能夠真心求善，也能夠使他們免去罪過。也就是說在道的面前是人人平等的。這就為凡有過錯的人提供了一個全新的出路，道本身不會拋棄他們，只要他們肯真心的體道、悟道，他們所犯的過失是完全能夠免去的。

可以看出老子這一章講道，既沒有從君王治理天下出發，也不是說國與國之間如何相處的問題，而是落實到人際關係的處理上。在這一點老子提出了，如何對待別人的過失。只要他人是真心求善、求和，那麼對待別人的過失是要持寬容的態度的。正所謂「知錯能改，善莫大焉」，主宰萬物的道也是這麼做的。

【經典事例】

唐太宗以德治天下

隋末以來，天下大亂，連年戰爭，盜賊橫行。在太原跟隨父親一起起兵的李世民，在幾十支義軍中脫穎而出，後來經過十幾年的南征北討終於平定了天下。父親李淵去世以後，李世民就登基當了皇帝。

到李世民當了皇帝之後，社會仍不安定。他召集百官討論防止盜賊的辦法。

一部分大臣主張嚴厲打擊，李世民問：「秦始皇和漢高祖，誰的法更嚴一些？」大臣回答：「秦始皇的法嚴。」李世民又問：「他們倆誰的天下更安定呢？」大臣答：「漢朝更安定。」

李世民反詰：「不是說嚴厲的法可以防止盜賊嗎？為什麼秦始皇法嚴反而盜賊多些呢？」大臣回答不出。李世民說：「自古以來，百姓淪為盜賊，並非法律太寬，而是因為賦稅雜多，徭役繁重，官吏貪贓枉法，欺壓百姓。百姓飢寒交迫，無暇顧及廉恥，因此才被迫偷竊搶掠。所以要防止盜賊，關鍵在於減輕賦稅，少勞民力，選用廉潔的官吏，使百姓豐衣足食。這樣，盜賊就會自然減少了。」唐太宗用此法後數年，果然盜賊大為減少。

社會不穩定，賊盜眾多，面對這些犯法之人李世民並沒有對他們進行嚴厲的處罰，而是從根本上找出原因所在，讓百姓安居樂業。這就是老子的「人之不善，何棄之有？」的靈活運用，也是成功的運用。唐太宗算得上是中國歷史上少有的幾個明君之一。中國的數千年歷史中歷朝歷代的帝王有數百位之多，但是能稱得上明君的也只有這少數的幾個，他們之所以能成為明君，從這裡我們也能看出個大概。

閱讀筆記

第六十三章　難做於易

【原文】

為無為，事無事，味無味①。大小多少②。圖難於其易，為大於其細；天下難事，必作於易；天下大事，必作於細。

是以聖人終不為大③，故能成其大。夫輕諾必寡信，多易必多難。是以聖人猶④難之，故終無難矣。

【注釋】

①味：體味。

②大小多少：大生於小，多起於少。另一解釋是，大的看做小，小的看做大，多的看做少，少的看做多，還有一說是，去其大，取其小，去其多，取其小。

③不為大：是說有道的人不自以為大。

④猶：總是。

【譯文】

以無為的態度去有所作為，以不滋生事端的方式去做事，以恬淡無味去體味。大生於小，多起於少。處理難事要從容易處著手，做大事要從細微的地方入手。天下的難事，必定從簡易的地方開始；天下的大事，必定從細微的事情做起。

因此，聖人始終不自以為大，所以才能成就大事。那些輕易發出諾言的，必

246

定會失去信用，把事情看得太容易時，必然會遭遇更多困難。因此，聖人總是認真對待困難，所以終於就沒有困難了。

【經典解讀】

「無為」思想是老子思想的重要代表，老子的無為思想幾乎貫穿於整個《道德經》的各個章節，然而每次的內涵都不完全相同，但異曲同工，大道相通。本章主要闡述了他自然無為的思想，所謂無為，並不是什麼事情都不做，而是做事情需採取順應自然的態度，需以平靜的思想和行為對待生活。

老子教導人們做事情要「圖難於其易，為大於其細」，即處理難事要從容易處著手，做大事要從細微的地方入手。同時面臨細微的事情不要輕心，故能成大事。

【經典事例】

難做於易

做任何事情，只要抱有十足的信心，意志堅定地朝自己的目標前進，最終必定會到達勝利的彼岸。就如老子所說的「天下難事，必作於易」。再困難的事情，都是從容易的開始做起的。只要對自己充滿了自信，再憑著堅強的意志，總有一天會成功的。

曾有一則故事：

有一位禪師德高望重，一天弟子們來向他請教。

弟子們問禪師道：「老師，怎樣才能成功呢？」

禪師並沒有直接回答他們的問題，說道：「今天我教你們學一件最簡單、最容易的事。每人把胳膊盡量往前甩，然後再盡量往後甩。」

禪師一邊說一邊示範了一次，並說道：「從今天開始，你們每人每天做三百次。大家能做到嗎？」

弟子們很疑惑地問道：「老師，這樣做有什麼用呢？」

禪師答道：「做完這件事，你們一年後就會知道怎樣能成功！」

弟子們說道：「這有什麼難的呢？」

一個月之後，禪師問弟子們：「我讓你們做的事，有誰堅持做了？」

大部分的人都驕傲地說道：「我做了！」

禪師滿意地點了點頭。

又一個月過去了，禪師又問：「現在有多少人堅持做了？」

結果只有一半的人說：「我做了！」

一年過後，禪師再問大家：「請告訴我，最簡單的甩手運動，還有幾個人堅持做了？」

這時，只有一個人說：「老師，我做了！」

「我曾經說過，做完這件事，你們就知道如何能成功了。」

　　禪師對弟子們說道：「現在我告訴你們，世間最容易的事，常常也是最難做的事，最難的事也是最容易的事。說它容易，是因為只要願意做，人人都能做到；說它難，是因為真正能做到並持之以恆的，終究只是極少數人。」

　　後來只有一直堅持做的那個弟子，成了禪師的衣鉢傳人。

閱讀筆記

第六十四章　慎終如始

【原文】

其安易持，其未兆易謀；其脆易泮①，其微易散。為之於未有，治之於未亂。合抱之木，生於毫末②；九層之台，起於累土③；千里之行，始於足下。為者敗之，執④者失之。是以聖人無為故無敗，無執故無失。民之從事，常於幾成而敗之。慎終如始，則無敗事。是以聖人欲不欲，不貴難得之貨，學不學，復眾人之所過，以輔萬物之自然而不敢為。

【注釋】

①其脆易泮（ㄆㄢˋ）：脆的物品就容易分開。泮：散、解。

②毫末：細小的萌芽。

③累土：堆土。

④執：把持。

【譯文】

局面穩定時容易把持，情勢未見兆端時容易圖謀，脆的物品容易分開，微小的事物容易散失。處理事情要在未發生時就有所打算，治理禍亂要在未發作前就早做預防。合抱的大樹，長成於細小的萌芽；九層的高臺，是一筐一筐的土築起來的；千里的遠行，開始於腳下。如果妄為就會導致失敗；如果強行把執一定會

失去。因此，聖人不妄為所以不會失敗，不強行把持所以不會失去。人們做事，常常是在接近成功的時候失敗的，處事到最後一刻也要像剛開始時一樣謹慎，就不會有失敗之事。所以，聖人要別人之所不要，不看重世人所珍惜看重的；學別人之所不學的，以便導正人們的過失。所以聖人能輔助萬物行其於自然而不強加干涉。

【經典解讀】

在這一章裡老子著重講了大生於小、巨始於細的道理。老子認為任何事物都有它自己產生、發展、壯大及衰微的過程。這也是萬物發展變化的必然規律，任何事物都不能例外。明白這個道理就應該從兩個方面入手。從保持穩定的局面這一角度看，就是要防微杜漸，未雨綢繆。任何問題在剛開始發生的時候力量都非常弱小，這時候去消滅它就會顯得非常的容易。但是它們在這時候的徵兆往往都十分的隱蔽，這就需要我們細緻的觀察，即時的發現並解決問題，將問題消滅在萌芽狀態。至於引申到人身的修養方面，就像後來劉備對他的兒子所說的「勿以惡小而為之」，將那些不好的習慣也消滅在萌芽狀態。

這一道理在建功立業上的運用就是注重細小事物的累積，做事注意細小環節的完善。用現在話說就是細節決定成敗。注重細節就是要做好發展過程中的每一步，自始至終都要一細再細。就像人們常說的行百里半九十，剩下的最後幾步也要走穩。這樣就可以避免「常於幾成而敗之」的情況發生了。

總之，老子說了，要明白事物由小到大、由少到多的發展規律。明白了這一過程就可以做到把不好的消滅在萌芽狀態，避免更大的損失。好的徵兆也要即時發現並讓它逐漸的發展壯大以收到最大的功效。能夠做到這些就能夠「無敗事」了。

【經典事例】

一文錢的價值

曾有一個叫鐵眼的年輕和尚，對佛十分的崇拜，他發誓要募捐一筆錢修建一個佛的金身。這件事雖然功德無量，但對他，一個分文沒有的和尚來說確實是太困難了！然而，鐵眼和尚一旦立下了宏願，就絕不退縮。

募款的第一天，他一大早便來到了城鎮最繁華的地方，向過路的人乞討施捨。不一會兒，過來一個身體十分魁梧的武士，鐵眼和尚施禮道：「貧僧誓願塑佛金身，請施主捐一點吧！」

武士顯出很高傲的樣子，裝作沒聽見，邁著大步向前走了。鐵眼和尚急忙追上去，低聲乞求說：「給多少都行！」

武士瞟了鐵眼和尚一眼並厭煩地揮揮手，十分乾脆地拒絕道：「不！」

武士繼續向前面走去，鐵眼和尚卻在後面緊追著，就這樣一直走了十多里路！那個武士無可奈何地隨手扔下一文錢。鐵眼高興地從地上撿起那文錢，並朝武士行禮致謝。

武士覺得很奇怪，問道：「一文錢也值得你這樣高興？」

鐵眼和尚回答道：「這是貧僧靠行乞修建佛身的第一天，如果不能化到這一

文錢，或許貧僧的心志就會產生動搖。如今承蒙您慷慨施捨，貧僧對於成就大願已經確信無疑，所以感到無限欣喜。」

說完，便引身告退，按照原路回去繼續化緣。暑去冬來，不知經過了多少個風雨霜雪的日子，鐵眼和尚終於籌足了資金，完成了自己的心願。

老子曰：「合抱之木，生於毫末；九層之台，起於累土；千里之行，始於足下。」不管做什麼事情，只有持之以恆，鍥而不捨，才會達到自己的目標。

閱讀筆記

第六十五章　不以智治國

【原文】

古之善為道者，非以明民^①，將以愚之^②。民之難治，以其智^③多。故以智治國，國之賊^④；不以智治國，國之福。知此兩者，亦稽式^⑤。常知稽式，是謂玄德。玄德深矣，遠矣，與物反矣^⑥，然後乃至大順^⑦。

【注釋】

①明民：讓人民知曉巧詐。

②將以愚之：使老百姓敦厚樸實、善良忠厚。

③智：巧詐、奸詐。

④賊：滅禍的意思。

⑤稽式：法式、楷式。

⑥與物反矣：反，通返。此句意為「德」和事物復歸於真樸。

⑦大順：順應自然。

【譯文】

　　古代善於循道行事的人，不是教人民知曉智巧偽詐，而是使人民純厚樸實。人們之所以難於統治，是因為他們使用太多的巧智。所以用巧智治理國家，必然會危害國家，不用巧智治理國家，才是國家的福氣。要知道這兩種治國方式的差

別，就是一個法則，經常瞭解這個法則，就叫做玄德。玄德深不可測，遠不可及，和萬物一起復歸於真樸，然後才能順乎於自然。

【經典解讀】

老子說：「古之善為道者，非以明民，將以愚之。」這是老子在這一章中的中心論點。但老子所說的並不是在中國實行了幾千年的愚民政策，事實上老子是從根本上反對這些政策的。老子所說的「愚民」是指用代表天地萬物運動法則的道，使民眾拋棄內心的私利之心以及由此而產生的智巧偽詐，使他們歸於純厚樸實。只有這樣的民眾才便於管理，國家才能保持穩定的局面。

老子認為民眾之所以難於管理就是因為他們懂得了很多的智巧偽詐，那些建立在私利之心之上的智巧，老子並不認為是真正的聰明。老子覺得正是智巧使得民眾介入了過多的紛爭，進而使得國家難於管理，應該用道來讓他們返歸於純樸，這樣才是他們的福分。

【經典事例】

周文王治天下

周文王姬昌在商朝受封於周，稱西伯，繼承先輩開創的事業，仿效古公亶父、公季制訂的法度，實行仁政，敬老愛幼，禮賢下士。他先從自己的大家庭做起，上孝父母，早晚請安；下對妻子、兄弟嚴加要求，為整個家族做出表率。並以自己的大家庭為核心，靠它的凝聚力來團結族人，鞏固內部。

文王極力抑制物質享受的欲望，不敢驕奢淫逸，玩物喪志；嚴以律己，寬以

待人。他始終保持周人質樸的美德，過著儉樸無華的生活。他勤於政事，兢兢業業地治理自己的國家。他重視農業，親自督促眾人開荒墾地，大力發展生產事業，從中體察民情，以瞭解人民稼穡之艱難。他還注意關照那些鰥寡孤獨、孤苦無依的人民，設法為他們解決衣食之難。

周文王在封地所實行的一系列德政，使得當地的百姓都對他非常擁護。據說在他修築靈臺的時候，不用他說話，老百姓像兒子給父親工作一樣奮勇爭先，唯恐落後。結果，靈臺很快就建成了。

後來不光是他自己封地的那些民眾擁護他，就連周圍在商的統治下，痛苦不堪的商民也紛紛湧入周國，周圍的一些諸侯也紛紛依附於他。商紂王的一些大臣也聞聲跑到周國，各地的社會賢達也紛紛依附於周。

對於這些不遠千里前來投靠的賢人，文王總是親自接見他們，並對他們加以重用。這使得他的封地一時間人才濟濟。

等到他去世的時候，周國的勢力已經佔了天下的三分之二，這就意味著他實際上已控制了大半個天下。後來他的兒子周武王在太公望呂尚的輔佐下，於牧野以五萬精兵擊敗商軍七十萬人，商紂王被逼自焚而死。商朝結束，統一的周王朝終於建立起來。

周文王所實行的就是老子所說的，可以讓民眾自動歸附的德治。這種德治是符合老子的道，周王朝的建立是道和德治的勝利。就像老子所說的：「仁者無敵，有德者有天下。」

第六十六章　王者善下

【原文】

江海之所以能為百谷王^①者，以其善下之，故能為百谷王。是以聖人欲上民，必以言下之；欲先民，必以身後之。是以聖人處上而民不重^②，處前而民不害。是以天下樂推而不厭。以其不爭，故天下莫能與之爭。

【注釋】

①百谷王：百川所歸往。說文：「泉出通川為谷。」所以「百谷」可作百川講。

②重：累、不堪重負。

【譯文】

江海之所以能成為百川所匯往的地方，是因為它善於處在低下的地方，所以能成為百川狹谷的歸往。聖人要能處在人民之上，必須對人民表示謙虛卑下，要想為人民的表率，必須把自身的利益放在他們之後。所以，聖人雖在人民之上，而人民並不感到負擔沉重；聖人在人民之前，而人民並不感到受害。天下的人民都樂意擁戴他而不厭倦他。因為他不與人民相爭，所以天下沒有人能和他相爭。

【經典解讀】

老子在這一章裡又一次用海納百川的例子做比喻，說明聖者善下位而成為聖

人的道理。只不過老子這次說的不是國與國之間的謙讓，不是大國處下的那種理想中穩定的國際社會狀態，而是進一步說到了治理國家的君王的身上，說他們的治國之道。老子認為君王之所以能夠稱王天下是由於有天下百姓的**擁戴**，而想要得到百姓的**擁戴**從根本上來說還是要能以民眾為上，要有勇於做人民公僕的精神。

只有在民眾面前能夠謙虛卑下，民眾才會真心**擁護**他。這其實就是後來廣為流傳的重民輕君的思想。天下最大的是那些普通的民眾，然後才是看似高高在上的君王。因為民是基礎，君王想要高就先要低，有了民眾的基礎，才能成就其高。

【經典事例】

宋閔公之死

君王之所以能夠成為君王，除了他們的文治武功和過人的智慧之外，通常都還有超越凡人的心胸和度量，和謙虛、謹慎的做人態度。他總能夠以一種極低的姿態去面對他的百姓和賢者能臣。正因為這樣，大家才臣服於他。要是不能做到這一點，不要說天下的黎民百姓，就是天天跟隨他左右的臣子都會做出不利於他的事情來。春秋時期的宋閔公就是這樣死在他的將軍的手裡。

這個殺宋閔公的將軍叫南宮長萬，是宋國當時的第一猛將，力大無比，有萬夫莫當之勇。他和國王宋閔公的私人關係也相當融洽，甚至有時君臣間還會開開玩笑。後來齊桓公聯絡宋國，請宋國出兵助戰一塊兒去打魯國，宋閔公為了結好齊國，就派南宮長萬率兵助齊。南宮長萬在這場戰爭中表現得非常的英勇，但是

他們的軍隊在一天晚上遭到了敵人的突襲。混戰中南宮長萬受傷倒地被俘，在魯國被關了好幾年。後來宋國和魯國的關係得到了改善，南宮長萬才被釋放回宋國。

南宮長萬剛剛回到宋國沒幾天，一次宋閔公開玩笑地對他說：「寡人從前是很敬重你的，現在你是個魯國的囚徒，我可就無法再敬重你了呀！」南宮長萬當時臉頰通紅，欲笑不能，欲說無語。

後來有一天，宋閔公和南宮長萬在宮庭苑囿遊玩，閔公讓僕人拿博局（古時的一種棋），要與南宮長萬下棋賭酒。下棋是閔公的拿手好戲。南宮長萬連敗五局，被罰酒五斗（斗是古代酒器），已是醉得八九不離十了。他感覺輸的可惜，想跟宋閔公再下一局，閔公嘲笑地說：「囚徒！怎麼還敢再賭？」南宮長萬心中此時是又憤又羞又無可奈何。

正在這時，有人傳報東周王室老王駕崩新王登基。東周的老王死了宋國免不了要派人前去弔唁。這時候南宮長萬說：「我還沒去過王都，就讓我去弔唁吧！」閔公突然笑得前仰後合，說：「宋國就是再沒人，還不至於派一個囚徒當使臣吧！」南宮長萬這時臉上是一會兒血紅一會兒鐵青，又帶著點醉意，終於惱羞成怒，一發不可收拾，舉著大戟狂喊一聲：「無道昏君！你可知囚徒也能殺人嗎？」閔公又驚又怒：「混蛋囚徒！你想做什麼？」說著便上前去奪南宮長萬的大戟，南宮長萬也不爭戟，隻手提起棋盤，一下子把閔公打倒在地，又上前猛擊數拳。可憐宋閔公，登時嗚呼哀哉了。

話說宋閔公也不是什麼無道的昏君，但最後卻死在自己將軍的手裡。這都是他的性格造成的，總想以高高在上的姿態對臣下進行一番人格上的侮辱，以達到

自己取樂的目的。這不是一個聰明君王的所作所為。老子曰：「是以聖人處上而民不重，處前而民不害。是以天下樂推而不厭。」身為一國之君，應該能夠謙虛卑下，天下的人們才會真心擁護你。

閱讀筆記

第六十七章　持道三寶

【原文】

天下皆謂我「道」大①，似不肖②。夫唯大，故似不肖。若肖，久矣其細也夫！我有三寶，持而保之：一曰慈，二曰儉③，三曰不敢為天下先。慈故能勇；儉故能廣；不敢為天下先，故能成器長④。今捨慈且⑤勇；捨儉且廣；捨後且先；死矣！夫慈，以戰則勝⑥，以守則固。天將救之，以慈衛之。

【注釋】

①我「道」大：道即我，我即道。

②似不肖：不像具體的東西。肖：相似之意。

③儉：節儉。

④器長：萬物的首長。器：指萬物。

⑤且：取。

⑥以戰則勝：又作「以陣則亡」。

【譯文】

天下人都知道我道大，大到無形。正因為它太大，所以才無形。若有形，那麼道就顯得很渺小了。我有三件法寶，執守而且保全它：第一件叫做慈愛，第二件叫做節儉；第三件是不敢居於天下人的前面。仁慈所以能勇武；節儉所以能大

方；不居天下人的前面，所以能成為萬物的首長。現在捨棄慈愛而取勇武；捨棄節儉而取大方；捨棄退讓而求爭先，結果就會走向死亡。那慈愛，用於作戰就可以取勝，用於防守就能鞏固。天要援助誰，則以慈愛來護衛它。

【經典解讀】

老子的道是作為一個普遍的、規律性的形態出現的，正因為它的這種普遍性使得它不可能具有很明確的指向性。這就讓有些人認為老子的道是大而無當的空談，解決不了實際問題。在這裡老子說了，人們都說我的道很大，根本就看不到它具體是個什麼樣子的。看不到它的樣子恰恰說明了它的大，雖然道無法讓我們一睹全貌，但是在貫徹道的過程中我有三個原則能夠幫助我們不偏離道的方向。這三個原則就是慈愛、節儉和不爭，只要能夠遵循這三個原則就能夠對看似很難琢磨的道加以具體的把握，就能很好地貫徹道的真諦。這就很好地解決了道大而不當的問題。

所以說這三個原則就像是老子的三件法寶，在這三寶當中又以慈愛最為重要。老子一開始就一再重申道生萬物而不自居，道就像是萬事萬物的母親，母性的本質就是慈愛。這慈愛是道的本性，用來攻則無堅不摧，用來守則固若金湯。可以說誰擁有了慈愛之心誰就擁有了天下，慈愛是上天對他的垂憐。

【經典事例】

陶謙讓徐州

古代的許多優秀領導者深深明白這樣的道理：謙虛卑讓絕不會使自己損失什

麼，相反會贏得許多出乎意料的收穫；而妄自尊崇，事事竭力爭鬥者，則常常會毫無收穫，甚至把原已獲得的東西也喪失掉。

東漢末年，徐州受到曹操大軍的攻擊，北海太守孔融約劉備等人率軍前去救援。劉備先率精銳部隊突破曹軍的包圍圈，進入徐州城，與徐州太守陶謙合力抗敵。

陶謙見劉備儀表堂堂，氣宇軒昂，想必將來一定能夠成就一番事業，他估計自己也沒有希望了，就想把徐州讓給劉備。於是便命部下取來徐州印信，對劉備說：「現在的天下十分混亂，你是漢朝的王室宗親又正是年富力強的時候。正應當有一番作為恢復漢朝的江山社稷。我是年老不中用了，守在這裡也沒有什麼希望，今天我情願將徐州拱手讓給你，希望你不要推辭。」劉備一聽此話趕緊離開座位對陶謙鞠了一大躬說：「劉備今天率兵前來相助，只是為了天下的大義。您現在說這些話該不是懷疑我劉備是想要趁火打劫，要吞併徐州吧？我要是有這種念頭，讓上天都不保佑我。」陶謙也連忙說：「這確實是老夫的一片真心，我說的都是心裡話。」再三相讓，劉備也堅決推辭不肯接受印信。

後來等到曹操的軍隊退去以後，在慶功宴上，陶謙再次要讓徐州與劉備，劉備堅辭，只答應暫時屯兵於徐州的近邑小沛，以保徐州不受騷擾。

過了一段日子，陶謙忽然染病，並日益嚴重，便差人請劉備到徐州議事。陶謙躺在病榻上，對劉備說：「這次請您過來也沒有別的事情，只因為我的病情已經很嚴重了，也不知道還能活幾天，所以還是希望你能看在這是漢室江山的分上接受徐州牌印，這樣老夫死也瞑目了！」說完又對手下人等介紹：「劉公可是當世的豪傑，你們一定要好好的輔佐他。」劉備仍是推讓，陶謙以手指心而死。劉

備無奈，只得接受了牌印，執掌徐州知事。

　　現在想想，當時的劉備，不過是個小小的平原郡首領，這與他的宏大志向相距甚遠，如能佔據徐州，無疑是為劉備日後的發展奠定了良好的基礎。但劉備又本能地懂得，要獲得某種東西，最好表現出對它漠不關心的樣子，這樣，才不會引起別人的注意和反感。在這裡劉備所運用的就是老子的持道三寶當中的不爭的原則，正因為不爭，所以必得。

閱讀筆記

第六十八章 善勝者不怒

【原文】

善為士①者，不武；善戰者，不怒；善勝敵者，不與②；善用人者，為之下。是謂不爭之德，是謂用人之力，是謂配天③，古之極。

【注釋】

①士：即武士，這裡作將帥。

②不與：意為不爭，不與人正面衝突。

③配天：符合自然的道理。

【譯文】

善於帶兵打仗的將帥，不逞其勇武；善於打仗的人，不輕易被敵人激怒；善於勝敵的人，不與敵人正面衝突；善於用人的人，對人表示謙下。這就叫做不與人爭的德行，這叫做善於使用別人的力量，這叫做符合自然的道理，自古以來就是如此。

【經典解讀】

這一章看起來像是在講軍事上的戰術戰略問題，跟老子以往不爭的思想有些出入。其實是老子藉戰爭的例子來說明道的作用，可以說是道在戰爭中的應用。

應合上一章所說的慈愛「戰則勝，以守則固」的說法。那麼在戰爭這種激烈的爭鬥中，怎麼會有不爭的說法呢？老子說「不武」、「不怒」、「不與」，這就是戰爭中的不爭，面對敵人能夠不魯莽行事，克制自己的情緒不被對方激怒，分析形勢避免與敵人正面衝突，這才算得上是善戰，要做到這一點，沒有不爭的原則是萬萬不行的。

【經典事例】

孫臏求生

　　人與人相鬥，總難免有處於弱勢的時候。處於弱勢不能心灰、不能意冷，也不能有以死相拼的念頭。想想你現在本就處於弱勢的一方，若是以死相拼，你得到的恐怕只有速死而已。處於弱勢，最應該考慮的就是如何自保的問題，不管怎麼樣能活下來再說。活著就是希望，就像人們所說的「留得青山在，不怕沒柴燒」。弱勢下的自保，不妨運用智慧將自己的弱勢演繹到極限，讓人覺得你活著其實就跟死了沒什麼區別，已經對他人構不成任何威脅了。孫臏就是這樣演繹了自己的弱勢才從他的同門師弟手裡逃過一劫，並最終將仇人置於死地。

　　孫臏與龐涓，同是鬼谷子門下弟子。龐涓先下山，並做了魏國的軍師。龐涓自知才學不如孫臏，又怕孫臏一旦施展才能，會超過自己，對於自己的前程極為不利，於是便寫信利用孫臏欲施展才能、成就功名的心理，把他騙下山來，為的是使之落入自己的魔掌，永無出頭之日。

　　當初孫臏下山來到魏國。魏惠王本想讓他和龐涓一起來輔助自己的，可是在龐涓的百般阻撓下只好作罷。後來龐涓不斷在魏惠王面前說孫臏的壞話，使魏惠

王半信半疑。後來他又誣陷孫臏，使他莫明名其妙地被處以去掉膝蓋骨的重刑。

這時的龐涓仍然假惺惺地對孫臏表示關懷，並讓他在獄中撰寫兵書。直到兵書完成，龐涓才暴露出猙獰面目，孫臏此刻才恍然大悟：自己的一切遭遇，原來都是龐涓所為。

可是當他明白過來的時候，他所面對的幾乎可以說是絕望的處境。在這種險惡的處境下要完成自己的宿願，是絕對辦不到的，看來唯有逃出魔掌一條路可走。那麼，怎樣逃呢？於是孫臏充分施展他那過人的智慧，決定裝瘋以「瞞天過海」拯救自己。可是，龐涓剛開始並不相信，而且對孫臏施以種種非人的折磨，把他拖入豬圈。孫臏越發表現得瘋狂起來，又是哭，又是笑，在豬糞、豬尿裡打滾，吃豬食，啃臭泥。這樣殘酷而幾乎致命的表演，才使龐涓確認：孫臏真正瘋了。再說，他已成殘廢，不能再成就什麼大業了。日子一久，龐涓對此習以為常，逐漸放鬆了對孫臏的防備。

孫臏瘋了的消息，傳遍了大小各路諸侯，同時也被齊王知道了。齊王命淳于髡親自去魏國，並暗中利用當地柴車，順利地把孫臏接到齊國來。齊王把他收在大將軍田忌部下做了軍師。孫臏後來屢建功勳，並最終置龐涓於死地。

孫臏是個真正不怒的善戰之人，當他明白正是他的同門師弟在陷害他的時候，他就已經陷入了絕境。這時候沒有「怒」，沒有和龐涓以命相拼來換得速死的解脫，而是靠自己的智慧和毅力成功地活了下來。以當時的環境來說選擇生遠遠要比選擇死難得多，那是需要相當的勇氣的，但是他選擇了，並且做到了。古往今來能做這一步的，除了他和越王勾踐，恐怕再也沒有第三個人了。

第六十九章 哀者勝矣

【原文】

用兵有言：「吾不敢為主①，而為客②；不敢進寸，而退尺。」是謂行無行③；攘無臂④；扔無敵⑤；執無兵⑥。禍莫大於輕敵，輕敵幾喪吾寶。故抗兵相若⑦，哀⑧者勝矣。

【注釋】

①為主：主動進攻，打擊敵人。

②為客：被動退守，不得已而應敵。

③行無行：雖然有陣勢，卻像沒有陣勢可擺。行：行列、陣勢。

④攘無臂：雖然有手臂，卻像沒有臂膀可舉一樣。

⑤扔無敵：雖然面對敵人，卻像沒有敵人存在。

⑥執無兵：雖然有兵器，卻像沒有兵器可執。

⑦抗兵相若：兩軍相當。

⑧哀：閔、慈。

【譯文】

用兵者有言說：「我不敢主動進攻敵人，而只是被動地防守；我不盲目進攻一寸，而寧願後退一尺。」這樣，雖然有陣勢，卻像沒有陣勢可擺。雖然有手臂，卻像沒有臂膀可舉一樣。雖然面對敵人，卻像沒有敵人存在。雖然有兵器，

卻像沒有兵器可執。禍患莫過於輕敵，輕敵幾乎喪失了我的法寶。所以，等到真正兩軍相對抗的時候，懷有仁慈之心的軍隊可以獲得勝利。

【經典解讀】

本章老子主要講了用兵之道，老子提倡戰爭以守為主，以守而取勝。其實這也正體現了他的反戰思想。不輕易進攻敵人，不盲目進攻一寸，而寧願後退一尺。這也正是老子的以退為進的哲學思想。

【經典事例】

曹劌妙計勝強敵

兩軍對壘的時候最忌諱的就是心浮氣躁、輕敵冒進。有時候本來戰爭的形勢非常有利於自己，取得勝利根本就不是什麼問題。但是最後還是因為對敵人的輕視，而讓自己失去了戰爭的主動權，進而失去戰爭的勝利。也許這就是大風大浪都平安闖過，最後卻在小河溝裡翻船的原因所在吧！

春秋戰國時，齊國國王拜鮑叔牙為大將，率領大軍去攻打魯國。魯國處於生死存亡的關鍵時刻。就請曹劌出山禦敵。

出師之前，魯莊公問曹劌：「你有什麼辦法可以抵抗齊國的侵略嗎？」曹劌回答說：「戰爭的情況是變化莫測的，不可以妄下結論，如果能夠給我一個隨軍參戰的機會，也許可以臨機應變，設計制勝。」

莊公聽他這麼說，心裡十分歡喜，便叫他做參謀，隨軍出征，到了長勺地

方，和齊軍對壘起來。

　　兩軍剛一照面，齊將鮑叔牙就立即展開攻勢。因為他之前曾經打敗過魯軍，就一直把莊公視為手下敗將，認為面對這樣的敵人根本就用不著在意。所以一見面就下令全面出擊，想一下把莊公捉回去。

　　面對像潮水般湧過來的敵人，魯莊公心裡著了急，急忙下令擂鼓出擊。曹劌立即制止，說：「且慢！現在敵人的銳氣正旺盛，還不是出擊的時候，只可以嚴陣以待，急躁不得，急躁就會壞事！」於是，魯莊公根據曹劌的建議，下令魯兵堅守陣地，不准驚擾喧嘩，違令者斬。

　　齊軍雖然發動猛烈攻勢，但面對魯軍井然有序的防守像木板碰鐵桶一樣，衝不進去，只得退回。過了一會兒，齊軍再次攻擊，魯軍仍然堅守不動。

　　魯軍的堅守不出，讓鮑叔牙十分得意。他認為魯軍是被他的氣勢給嚇傻了，根本就不敢出來迎戰。於是沒過一會兒鮑叔牙就躊躇滿志地跟著下達第三次衝鋒命令，戰鼓又像雷一樣響起來。這時齊兵雖然嘴裡叫喊著，心裡也認為敵軍不敢出來，鬥志無形中已鬆懈下來。

　　但是當齊軍的戰鼓第三次響起的時候，魯軍這邊的戰鼓卻也出其不意地響了起來。這次曹劌沒有讓軍隊再死守而是命令他們全力出擊。

　　這時候的魯軍已得到充分的休息和準備，早就憋足了一股氣，因而一聽戰鼓響起，便如猛虎搏食般，以迅雷不及掩耳之勢衝出去。齊兵沒想到魯軍這次竟然會進行反擊，慌忙招架，已經來不及了，齊軍被殺得七零八落，大敗而逃。

　　莊公見打了勝仗，十分歡喜，急忙下令趁勝追擊。曹劌又加制止：「別忙！

等一會兒。」說完跳下車去，看看地上的車轍馬跡，又站回車頂，向齊軍望了一陣，然後說：「好了，現在可以追擊敵人了。」魯軍狠狠地追殺了30里，把侵略軍徹底趕回齊國，俘獲的戰利品堆積如山。

現在曹劌已經成為流傳多年的兵家絕唱，他的這種面對強敵不急不躁，沉著冷靜，當敵人敗退的時候能夠不被勝利沖昏頭，在進行仔細觀察和認真分析之後，再進行追擊的精神值得很多人學習。

閱讀筆記

第七十章 知我者希

【原文】

吾言甚易知，甚易行。天下莫能知，莫能行。言有宗①，事有君②，夫唯無知③，是以不我知。知我者希，則④我者貴。是以聖人被褐⑤而懷玉。

【注釋】

①言有宗：言論有一定的宗旨。

②事有君：辦事有一定的主見。

③無知：指不理解。

④則：法則。此處作為動詞，意為效法。

⑤被褐：被，穿著；褐，粗布。

【譯文】

我的話很容易理解，很容易實行。而天下的人都不能理解，不能去實行。言論有一定的宗旨，辦事有一定的主見。正因為別人不理解這個道理，所以才不理解我。能理解我的人很少，能效法我的人就更難能可貴。因此聖人總是穿著粗布衣，但懷裡卻揣著美玉。

【經典解讀】

　　老子堅決認為他所提倡的道是能夠幫助統治者治理天下的，是能夠讓他們的統治更為長久的。可以說老子的道德經自始至終都在為處在統治地位的君王出謀劃策的，他的道也一直在告誡他們應該怎麼做、不應該怎麼做。但是他所訴說的對象顯然很少有人這麼認為，當時的事實也是這樣，雖然他一再強調道的重要性但還是沒能得到君王們的採納。所以老子就難免會有這樣的遺憾，老子說我的話很容易理解呀，實行起來也不是很難呀，怎麼就沒有人理解我呢？

　　現在看來老子的道固然是為擁有天下的君王們所開出的一劑藥方，能夠幫助他們治理現實中的某些痼疾，但是老子的道中所含的那種民主政治的雛形在一定程度上妨害了統治者的利益，這就使得老子的主張在君主專權的社會中不大可能被認可。所以老子的道的貫徹者一直都是存在他理想中的那個「聖人」，但是這樣的聖人他老人家沒能遇到。

【經典事例】

雲山守道

　　某些高深的道理總是不能夠被當時的世人所接受，那些持道者也總是被世人看做是瘋狂之人，遭受他們的白眼。但是真正的持道者是不會在意這些的，面對世人的冷遇他們總能夠坦然釋之，不做太多的辯解但還堅守著心中的道。

　　雲山禪師是一位道法深遠的智者。他不僅道風高尚，而且是位出名的孝子。他出家學禪後，因掛念老母親無人照顧，就自己出資建了一間茅舍，帶著母親同住。

雲山每天在參禪打坐之餘，常幫人抄寫佛經，打理家務，以此賺些生活費用贍養母親。因母親身體虛弱，所以他經常上街為母親買些魚肉，別人看到了總是指著他說：「你們看那個和尚，整日不思進取、花天酒地，這哪像出家人所為。」雲山禪師聽到這些並不去解釋，他從不在乎這些閒言閒語，但母親卻聽不下別人的那些話語，也就跟著雲山禪師食素。

　　又有一次，一位美麗的富家小姐聽說了他的行為與事蹟，不禁為其孝心和氣度所感動，於是請他到家中說法。雲山禪師沒有推辭，親自到她家中認真講法。

　　發生這件事情以後，世人就又有了種種傳說，說雲山禪師雖出家多年卻仍是色心不改，有人親眼見到雲山禪師到妓院去嫖妓。鄉人聽到這些信以為真，於是就搗毀了他的茅舍，趕他離開。雲山禪師不得已，只好帶著母親離開了那裡。他把母親寄養在親戚家裡，自己則四處雲遊。

　　一年之後，母親病逝，雲山禪師雲遊在外不知此事，鄉人只好草草將其母收殮。雲山禪師思母心切，不久之後回來探母。得知母親已故，他伏在母親墳前痛哭失聲道：「慈愛的母親！孩兒學完了禪道回來了，孩兒將以此禪道回報您往生佛國，不在人間受苦、受氣。」

　　母親逝世以後，雲山禪師更是將全部的心思用在參禪悟道上，後來終於成為一代禪宗。他的那些故事也在民間廣為流傳開來。

　　每一個新生事物的產生，都總是伴隨著無盡的白眼和冷遇。因為它是不合常規的，世人就不會認可它，這就需要我們的守道之心。堅守你心中的信念，堅守你的道，只要它是對的。

第七十一章 聖人不病

【原文】

　　知不知①，尚②矣；不知知③，病也。聖人不病，以其病病④。夫唯病病，是以不病。

【注釋】

　　①知不知：注解家們通常對此句有兩種解釋。一是說知道卻不自以為知道，二是說知道自己有所不知。

　　②尚：通「上」，高明的。

　　③不知知：不知道卻自以為知道。

　　④病病：把病當作病。

【譯文】

　　知道自己有所不知，這是很高明的；不知道卻自以為知道，這是很糟糕的。聖人之所以沒有缺陷，是因為他把缺點當作缺點對待，正因為承認這種缺點是缺點，所以他是沒有缺點的。

【經典解讀】

　　人貴有自知之明，這是我們每個人都很熟悉的一句格言。每個人都有自己的長處和短處，老子認為這種自知之明就是：「知不知，尚矣；」就是知道自己

有所不知，才是明智的。聖人之所以沒有缺陷，是因為他能發現自己的卓越與缺陷，認知自己的優勢和劣勢，進而以自己的實力決定該怎麼去做，其成功的機率就高得多了。

在我們日常生活中，導致失敗的原因，往往是當事者沒有自知之明，既沒有發現客觀世界的奧秘，也沒有發現主觀世界的長短。追根究底，還是他們不瞭解自己，但是他們並不知道這一點。

【經典事例】

毛遂自薦

一個人對自己有沒有一個清醒的認識，往往決定著他做事的成敗，甚至是一生的命運。只有對自己的能力有一個客觀的認識以後，才能準確地判斷哪些事情是應該做的，哪些事情是不應該做的，哪些事情是在自己的能力範圍之內的，哪些事情是在自己的能力範圍之外的。自己做不到的事情不去逞強，只要是自己能力所及的就絕不放棄機會。戰國時期戰國平原君趙勝的門客毛遂就是這樣一個人。

西元前258年，秦國大軍攻打趙都邯鄲，趙國雖然竭力抵抗，但因為在長平遭到慘敗後，兵力不足。趙孝成王要平原君趙勝想辦法向楚國求救。平原君是趙國的相國，又是趙王的叔叔，他決心親自上楚國去跟楚王協商聯合抗秦的事。

平原君打算帶二十名文武全才的人跟他一起去楚國。他手下有三千個門客，可是真要找文武雙全的人才，卻並不容易。挑來挑去，只挑中十九個人，其餘都看不中了。

他正在著急的時候，有個坐在末位的門客站了起來，自我推薦說：「我能不能來湊個數呢？」

平原君有點驚訝，說：「您叫什麼名字？在我這裡有多長時間了？」

那個門客說：「我叫毛遂，來到您門下已經三年了。」

平原君搖搖頭，說：「有才能的人活在世上，就像一把錐子放在口袋裡，它的尖兒很快就冒出來了。可是您來到這兒三年，我沒有聽說您有什麼才能啊！」

毛遂說：「這是因為您沒有早一天把我放到口袋裡。要是您早點把它放在口袋裡，它早就戳出來了，難道就只是光露個尖嗎？」

旁邊十九個門客認為毛遂在說大話，都帶著輕蔑的眼光笑他。可是平原君倒很賞識毛遂的膽量和口才，就決定讓毛遂湊上二十人的數，當天辭別趙王，上楚國去了。

平原君跟楚考烈王在朝堂上協商合縱抗秦的事。毛遂和其他十九個門客都在臺階下等著。從早晨談起，一直談到中午，平原君為了說服楚王，把嘴皮都說乾了，可是楚王說什麼也不同意出兵抗秦。

這時毛遂不慌不忙，拿著寶劍，上了臺階，高聲嚷著說：「合縱不合縱，三言兩語就可以解決了。怎麼從早晨說到現在，太陽都直了，還沒說妥當呢？」

楚王很不高興，問平原君：「這是什麼人？」

平原君說：「是我的門客毛遂。」

楚王一聽是個門客，更加生氣，罵毛遂說：「我跟你主人商量國家大事，輪到你來多嘴？還不趕快下去！」

　　毛遂按著寶劍跨前一步，說：「你用不著仗勢欺人。我主人在這裡，你破口罵人算什麼？」

　　楚王看他身邊帶著劍，又聽他說話那股狠勁兒，有點害怕起來，就換了和氣的臉色對他說：「那您有什麼高見，請說吧！」

　　毛遂說：「楚國有五千多里土地，一百萬兵士，原來是個稱霸的大國。沒有想到秦國一興起，楚國連連打敗仗，甚至堂堂的國君也當了秦國的俘虜，死在秦國。這是楚國最大的恥辱。秦國的白起，不過是個沒什麼了不起的小子，帶了幾萬人，一戰就把楚國的國都——郢都奪走了，逼得大王只好遷都。這種恥辱，就連我們趙國人也替你們感到羞愧。想不到大王還不想雪恥呢！老實說，今天我們主人跟大王來商量合縱抗秦，主要是為了楚國，也不是單純為了我們趙國啊！」

　　毛遂這一番話，真像一把錐子一樣，一句句戳痛楚王的心。他不由得臉紅了，接連說：「說得是，說得是。」

　　毛遂緊緊問了一句：「那麼合縱的事就定了嗎？」

　　楚王說：「決定了。」

　　毛遂回過頭，叫楚王的侍從馬上拿雞、狗、馬的血來。他捧著銅盤子，跪在楚王的面前說：「大王是合縱的縱約長，請您先歃血。」

　　楚王歃血後，平原君和毛遂也當場歃了血。楚、趙結盟以後，楚考烈王就派

春申君黃歇為大將，率領八萬大軍，奔赴趙國。

　　千百年來人們一提起「毛遂自薦」想到的總是他的勇氣，勇氣固然是需要。但這勇氣必須是建立在客觀認識自己能力的基礎上的。要不然像後來三國時期的蔣幹一樣，他也自告奮勇到江東去走了一遭。滿以為會說服周瑜歸降曹操，也給自己記上一大功。到頭來卻中了人家的反間計，帶回來的假情報反而使得曹操損失了兩員大將，他自己也成為後人的笑柄，豈不可嘆。

閱讀筆記

第七十二章　民不畏威

【原文】

民不畏威①，則大威②至。無狎③其所居，無厭④其所生。夫唯不厭⑤，是以不厭。是以聖人自知不自見⑥，自愛不自貴⑦。故去彼取此。

【注釋】

①威：指統治者的鎮壓和威懾。

②大威：極大的威脅。

③無狎：不要逼迫的意思。狎通狹，意為壓迫、逼迫。

④厭：指壓迫的意思。

⑤不厭：指人民對統治者的不厭惡、不憎恨。

⑥不自見：不自我表現、不自我顯示。

⑦自愛不自貴：指聖人但求自愛而不求自顯高貴。

【譯文】

當人民不懼怕統治者的威壓時，那麼，統治者就要受到極大的威脅了。不要逼迫人民使其不得安居，不要壓迫人民使其無以生計。只有不壓迫人民，人民才不厭惡統治者。因此，聖人有自知之明而不自我表現；有自愛之心也不自顯高貴。所以要捨棄後者而採取前者。

【經典解讀】

本章著重講統治者要有自知之明，老子說：「民不畏威，則大威至。」即如果人們不再害怕統治者的權威，那麼統治者就要受到極大的威脅了。老子認為，老百姓一旦不畏懼統治者的殘暴統治，那麼可怕的反暴力鬥爭就要發生了。再說：「夫唯不厭，是以不厭。」他反對統治者對人們採取高壓的政策。希望統治者：「是以聖人自知不自見，自愛不自貴。故去彼取此。」統治者要有自知之明，不要因位居高位而妄為。要懂得自愛，也要懂得愛自己的子民。所以要捨棄自見、自貴而保持自知、自愛。

【經典事例】

大澤鄉起義

陳勝、吳廣起義是爆發於秦末的中國歷史上第一次大規模的農民起義。這一次規模巨大的農民起義從根本上動搖了秦朝統治的基礎，使得腐朽的秦王朝在民眾的反抗面前搖搖欲墜。它的爆發就是「民不畏威，則大威至」的最好詮釋。

西元前210年，秦始皇出巡東方到沙丘（今河北平鄉、廣宗一帶）突然病死。趙高偽造秦始皇的遺詔，逼死太子扶蘇，立秦始皇的小兒子胡亥為帝，這就是歷史上的秦二世。

秦二世是個昏庸而殘暴的皇帝。他在埋葬秦始皇的時候，下令把全部工匠封死在陵墓裡。他繼續修建阿房宮，豢養大量狗、馬禽獸，供遊獵之用。老百姓的徭役賦稅負擔更為沉重，刑法愈加苛毒。當時社會上出現了「刑者相半於道，而死人日成積於市」的現象。廣大勞動人民在飢餓與死亡線上掙扎。

西元前209年，秦二世下令徵發淮河流域900名貧苦農民去防守漁陽（今北京密雲）。在這夥人中，雇農出身的陳勝和貧農出身的吳廣被指定為屯長。七月時候，正是多雨季節。當他們走到蘄縣大澤鄉（安徽宿縣西南）的時候，連綿的陰雨把他們阻隔在這裡，不能如期趕到漁陽戍地。秦法「失期當斬」，這900名戍卒面臨死刑的威脅。

他們由兩個縣尉押送著。這兩個縣尉對大家非常兇暴。正當他們倆行兇打人的時候，陳勝和吳廣就藉機把縣尉殺掉。接著對大家說：「各位遇到大雨，都已誤期，誤期要被處斬。即使不殺我們，而戍邊死的也有很多。何況壯士不死則已，如果死，就要幹出一番轟轟烈烈的事業來！」他的話激勵了戍卒的鬥志。這900名戍卒「斬木為兵，揭竿為旗」。

大家推舉陳勝為將軍，吳廣為都尉，提出了「伐無道，誅暴秦」的口號，組成一支農民起義軍。中國歷史上第一次農民大起義爆發了。

哪裡有壓迫哪裡就有反抗，這是亙古不變鐵一般的規律。聰明的統治者很早就明白了這個道理，他們把百姓比做是水，統治者就是漂在水上的船，水能夠把船給托起來，但是它同樣能夠把船打翻在海底。妄想以強制的力量使民眾屈服的政府，除了滅亡沒有其他的路可走。

第七十三章　疏而不失

【原文】

　　勇於敢則殺，勇於不敢①則活。此兩者，或利或害。天之所惡，孰知其故？是以聖人猶難之②。天之道③，不爭而善勝，不應而善應，不召而自來，繟然④而善謀。天網恢恢⑤，疏而不失⑥。

【注釋】

　　①敢：勇敢、堅強。不敢：柔弱、軟弱。

　　②是以聖人猶難之：此句已見於六十三章。

　　③天之道：指自然的規律。

　　④繟（ㄔㄢˇ）然：安然、坦然。

　　⑤天網恢恢：天網指自然的範圍；恢恢：廣大無邊。

　　⑥疏而不失：雖然稀疏但並不漏失。

【譯文】

　　勇敢而無所顧忌就會遭到殺害，勇敢而不逞強就可以存活。這兩種勇的行為結果，有的獲利，有的受害，上天所厭惡的，誰知道其中的原因呢？所以聖人做事都審慎猶豫。自然的規律，是不交戰卻善於取勝，不發言卻善於回應，不召喚卻自動到來，坦然卻善於謀略。上天布下的法網廣大無邊，雖然稀疏但並不漏失。

在這一章裡老子舉出了兩種不同的勇，並指出了這兩種勇所帶來的兩種不同的結果。然後提出人應該遵守自然萬物運動的規律，應該無為、守弱的人生哲學。其實老子所列出的兩種勇只有一種是真勇，那便是勇於不敢。勇於不敢是建立在謹慎的基礎上的勇，這才能稱得上是真正的勇，這種勇才能存活，才能取得有利的結果。而勇於敢則是建立在妄為的基礎上的，這樣的勇算不得是真正的勇，只能叫做魯莽。它無視自然萬物發展的規律，一味根據自己的意願蠻幹，這樣所帶來的結果只能是滅亡或者是不利的局面。

所以老子說，人們在處事時一定要謙虛、謹慎，遵循自然無為的法則。若能做到這一點就能夠不戰而取得勝利，能夠使四方臣服而不用召喚。這就是老子所說的道的作用所在。

【經典事例】

石勒示弱滅王浚

鬥爭需要有勇氣，但是它更需要那種建立在聰明頭腦的基礎上的勇氣。只有這樣的勇氣才能總是在鬥爭中獲勝，只有這樣的人他才能夠笑到最後。相反地，那些看起來好像是很勇敢，但是卻不會用腦子的傢伙，卻總是不知不覺地為別人充當炮灰。

西晉末期，中原的統治者開始自相殘殺，使得我國北方的少數民族趁機反晉，先後建立了十幾個割據政權，進行了長達一百多年的混戰，這就是歷史上的十六國時期。

最先起兵反晉的是匈奴族貴族劉淵，他經過幾年的征戰建立了漢國。接下來就是羯族人石勒，即南北朝時期十六國之一的後趙的建立者。他剛開始歸附劉淵。劉淵死後，他的兒子劉聰繼位，石勒又成為劉聰的部下，在河北及中原一帶有很大的勢力。

當時，盤踞在幽、拜一帶的還有兩股割據勢力，其一是王浚，其二是劉琨。他們名義上是晉臣，實際都擁兵自重，都想自己當皇帝。

石勒當時想滅掉離他最近的王浚，就召集他的部下商量怎麼才能夠打敗王浚這個強敵，其實那個時侯王浚的實力比他還要強一些。

後來他採取了謀士張賓的建議，派他的部下帶著厚重的禮物，前去低聲下氣地巴結王浚，以縱容他的驕縱情緒，石勒還親手給王浚寫了一封信。信中說：「我石勒生逢亂世，不得已而起兵，自知愚頑不堪，渴望歸順明主。大帥仁義播於天下，四海歸心，而晉室氣數已盡，得天下者非大帥還有誰人？願您早登大位，石勒甘願稱臣。」王浚看了大為高興。還派人賄賂王浚的女婿棗嵩，讓他也幫著說一些好話。有棗嵩在一旁幫著說好話，王浚便輕信了使者的一派胡言，隨即封兩個使者為列侯，並將他們留在自己身邊，還特意派使臣去撫慰石勒。

建興二年（西元314年），王浚又派石勒的兩個使者王子春、董肇陪同他的使者前往襄國——石勒坐鎮之地，去慰問他，並送去白玉為柄的塵尾。石勒特意將塵尾懸掛在正堂之上，早晚跪拜，還令人陪著使者巡視了他的軍營，故意擺出一副兵羸馬弱的樣子給使者看。事後，石勒又派董肇陪著使者回到幽州，向王浚呈上奏章，說三月裡他要親自去朝見，並擁立王浚登上皇位。同時又再次賄賂棗嵩，求棗嵩在王浚面前說情，封石勒為拜州牧、廣平公。

這年三月，石勒又派人給劉琨送去重禮，並聲稱要尊他為皇帝，先穩住了在一旁觀戰的劉琨。然後率領三軍日夜兼程向北進發，不幾日便到達了易水。石勒大軍到達易水時，王浚部將孫緯率軍阻擋。王浚得知後本應提高警覺，但他卻大發雷霆道：「石將軍來，是要擁戴我為皇帝，敢言擊者斬！」孫緯只好放行，眼巴巴地看著石勒大軍殺奔幽州。

直到石勒坐在大廳之上命王浚前來受審的時候，王浚還蒙在鼓裡。為了羞辱王浚，石勒特命王浚的幾個妻妾陪綁。王浚大罵道：「你一個羯胡奴隸竟敢如此戲弄我，是十惡不赦的凶逆！」石勒嘲笑他說：「你身為高官，手握強兵，坐觀晉朝傾覆，要自立帝號，不是凶是什麼！再說，你委任貪官，殘害百姓，迫害忠良，惡貫滿盈，又該當何罪！」幾句話將王浚駁得無言以對。最後，石勒下令將王浚押到襄國斬首。

有長遠打算的人不會計較一時的得與失，面對強敵，石勒能夠主動示弱，使得對方不再對自己有所提防。然後再找機會一舉滅之，石勒的鬥爭方法真可以稱得上是「勇於不敢」了。

第七十四章 民不畏死

【原文】

民不畏死，奈何以死懼之。若使民常畏死，而為奇①者，吾得執②而殺之，孰敢？常有司殺者③殺。夫代司殺者④殺，是謂代大匠斫⑤，夫代大匠斫者，稀有不傷其手者矣。

【注釋】

①為奇：指為邪作惡的人。奇：奇詭、詭異。

②執：拘押。

③司殺者：指專管殺人的人。

④代司殺者：代替專管殺人的人。

⑤斫（ㄓㄨㄛˊ）：砍伐。

【譯文】

人民不畏懼死亡，為什麼還要用死來嚇唬他們呢？假如人民害怕死亡的話，對於為邪作惡的人，我們就把他抓來殺掉，誰還敢為非作歹呢？經常有專管殺人的人去執行殺人的任務，代替專管殺人的人去殺人，就如同不是木匠的人去代替木匠砍伐木頭，那代替木匠的人，很少有不砍傷自己手指頭的。

在這一章裡，老子一開始就說天下百姓是不怕死的，為什麼還要用死亡來威脅他們呢？對老子的這句話其實可以前後顛倒過來看，百姓之所以會不怕死，是因為統治者用恐怖政策來壓制民眾的結果。如果統治者動不動就要使百姓遭受殺戮的話，那百姓在這種朝不保夕的環境下也就只能不怕死了。正所謂官逼民反，亂世出刁民，如果能夠使他們安居樂業的話，他們有活下去的願望和希望，自然會愛惜自己的生命，那時候再殺幾個為非作歹的人對他們才會有警戒的作用。

接下來老子做了一個比喻，把統治者代替萬物生死的自然規律來殺戮民眾的現象，不懂木工活的人代替木匠去砍樹，那他十之八九會傷害到自己。這才是老子想說的話，你以死來威脅民眾，直接的結果就是造成民眾不顧生死的反抗，到那時候那些統治者想要再高高在上恐怕是不行了。

張學良兵諫蔣介石

當天下民眾連死都不怕的時候，身為管理他們的統治者可就要小心了。他們的不怕死可能就是因為你們的治國方法，聰明的統治者這時就應該有所改變。要不然民眾的不怕死很可能將你們的統治徹底的葬送掉。

西元1936年，日本侵略軍在中國東北節節推進，但國民黨並沒有完全放棄剿共和鎮壓抗日民主運動的反動政策。為了顧全大局，避免內戰爆發，保存實力，共產黨於5月5日發出通電，呼籲停戰議和，一致抗日。

張學良領導的東北軍的將領和士兵的家鄉都陷於日本鬼子的鐵蹄之下，但蔣介石卻將東北軍調往西北，和楊虎城的十七路軍受命圍剿共產黨所在的延安。這兩支部隊的廣大官兵對蔣介石的內戰政策早就已經很不滿意了，他們覺得再跟共產黨打下去肯定沒有什麼出路，於是強烈要求抗日，收復被日本人佔領的家園。經過談判，至1936年上半年，紅軍與張學良、楊虎城將軍領導的東北軍、十七路軍實際上停止了敵對狀態，形成了聯合局面。

但是這時候把張學良調到西北的蔣介石就很不滿意了，他把張學良調到西北來就是為了讓他對付共產黨，現在他們卻聯合在一起，這讓蔣介石覺得不能夠接受。於是1936年10月，他親赴西安逼迫張、楊「剿共」。讓他們繼續和共產黨開戰，但是他的這一命令沒能得到落實。

12月4日，蔣介石再一次來到西安，強迫命令張、楊將部隊立即開赴陝甘「剿共」前線，否則將把東北軍和十七路軍分別調往福建和安徽，由中央軍「剿共」。但是張學良和楊虎城兩位將軍實在不願與紅軍重開戰端，又不願離開西北，隔斷與紅軍的聯合而被蔣介石所吞併，就多次勸說蔣介石停止內戰、聯共抗日，但是蔣介石怎麼都不肯接受。

終於，蔣介石的內戰政策，遭到了西安各界人民的強烈反對。12月9日，萬餘名愛國學生為了紀念一二·九運動一週年，舉行遊行請願，要求蔣介石停止內

戰跟共產黨聯合起來一致抗日。但是這些學生的愛國行為竟然遭到了國民黨的鎮壓。憤怒的學生就衝出城門，準備前往華清池向蔣介石請願。蔣介石知道以後，下令張學良實行武力鎮壓。張學良趕到灞橋勸學生返城，但為學生的愛國熱情所感動，表示一週內將用事實回答學生的抗日要求。

隨後，張學良又向蔣介石「哭諫」，被斥為「犯上作亂」。張學良和楊虎城最後實在沒有辦法，迫於當時的情勢，他們決定採取「兵諫」的方式，逼蔣抗日。12月12日凌晨，在張、楊的共同指揮下，東北軍一度包圍了華清池，扣押了蔣介石，發動了震驚中外的西安事變。

後來，經過共產黨派周恩來到西安調解，宋美齡、宋子文也趕赴西安，最後蔣介石被迫答應抗日。

可以說在當時的情況下，張學良和楊虎城將軍是清醒的。他們能夠聽到民眾的呼聲，能夠即時調整他們的方針和路線。如果他們按照蔣介石的命令繼續和共產黨交戰下去，失去大片的國土不說，那些家在東北的將士們隨時都有可能陣前倒戈。如果他們遵照指令對請願的學生進行鎮壓，也勢必會造成更大的動亂。

第七十五章　無以生為

【原文】

民之饑，以其上食稅之多，是以饑。民之難治，以其上之有為^①，是以難治。民之輕死，以其上求生之厚^②，是以輕死。夫唯無以生為^③者，是賢^④於貴生^⑤。

【注釋】

①有為：統治者政令繁苛，強作妄為。

②求生之厚：生活奉養過於豐厚奢侈。

③無以生為：不要使生活上的奉養過於豐厚。

④賢：勝過、超過的意思。

⑤貴生：珍貴生命。

【譯文】

人民之所以遭受饑荒，是因為統治者吞食賦稅過多，所以才遭受饑荒。人民之所以難以治理，是因為統治者的政令繁苛，強作妄為，所以才難以治理。人民之所以輕生冒死，是因為統治者的生活奉養過於豐厚奢侈，所以才冒死輕生。只有不去追求生活享受的人，才勝於奉養奢厚的人。

【經典解讀】

　　在本章和前後的幾章裡，老子沒有就道的無為再做正面的論證。而是從當政者的苛刻殘暴的統治入手，從反面來說有為者給民眾帶來的疾苦，對當政者提出嚴正的警告。上一章老子抨擊了殘酷的政治壓迫給民眾造成的災難，指出這樣下去的必然結果就是民眾的反抗和統治者的滅亡。在這一章裡老子又進一步對統治者強加在民眾身上的繁重經濟剝削進行指責。

　　老子把民眾所遭受的饑荒和由此帶來的動亂直接歸罪於統治者繁苛的政令，最後指出只有那些不以追求自身享樂而肆意剝削百姓的聖人，才能夠使天下穩定，才能夠使自己的統治長久。

【經典事例】

官逼民反

　　老子把民眾所遭受的饑荒和痛苦都歸罪於那些無道的統治者和他們所制訂的繁苛的政令上。這種論斷是有事實依據的，而且後世的很多事例都說明了這一論斷的正確性。歷史上每一次民眾的起義都是發生在政治統治最為黑暗的時候，而在每一個無道的君王的統治下，都會有民眾揭竿而起。清朝末年的白蓮教起義就是這樣。

　　當時正是和珅掌權的時候，清王朝的政治十分腐敗，地方官吏貪污橫行，百姓怨聲載道。當時，在湖北、河南一帶，白蓮教就盛行起來。有個安徽人劉松，到河南傳教，利用給百姓治病的機會，勸人入教，後來被官府發現，便把他流放到了甘肅。

但是劉松的徒弟劉之協和宋之清卻逃到湖北，繼續傳教。他們宣傳說，清朝快要滅亡，將來會出現新的世界，入教的人都可以分到土地。當地的貧苦農民都被地主剝削怕了，渴望得到自己的土地，聽了這個宣傳，就都紛紛參加了白蓮教。

由於參加白蓮教的人越來越多，到最後就驚動了乾隆皇帝。乾隆皇帝發聖旨命各省宮府捉拿教徒。一些官吏本來就在想辦法敲詐百姓的錢財，他們就趁機派出差役，挨家挨戶地查問，不管你是不是教徒，都得拿出一筆錢來「孝敬」他們。有錢的出錢買命，沒錢的窮人就被抓到監獄裡拷打，甚至送了命。武昌有個官員向百姓敲詐勒索不成，便羅織罪狀，受到株連的有幾千人。不論教徒還是沒入教的，都被迫害得家破人亡，百姓這時候對官府更加切齒痛恨。

後來白蓮教首領劉之協到了襄陽，召集教徒開會商量。大家說：「這個世道，真是官逼民反了！反正也活不下去了，不如索性造反吧！」於是他們決定用「官逼民反」的口號，發動群眾起義，並且派出教徒分頭到各地去聯絡。

西元1796年，也就是嘉慶皇帝即位那年，白蓮教徒在湖北宜都、枝江等地舉行了起義。襄陽地方有個白蓮教首領齊林，原訂在元宵燈節起義，不料走漏了消息，遭到官府的襲擊，齊林和一百多個同伴被殺害。

齊林被官府殺害之後，他的妻子王聰兒和他的徒弟姚之富一起，重新整頓起義隊伍。王聰兒本來是個江湖賣藝的女子，從小練就一身武藝。現在她決心為丈夫和起義的同伴們報仇，不出一個月，就組織了一支四、五萬人的起義軍。王聰兒和其他首領一起率領隊伍，到處打擊官府，懲辦貪官污吏。

　　當王聰兒在湖北起義的時候，四川、陝西的白蓮教徒也起兵回應。起義的火焰在三省廣大地區蔓延開來，一些貧民、流民都參加了起義隊伍。

　　嘉慶皇帝一看起義軍聲勢越來越大，慌了手腳，連忙命令各地的總督、巡撫、將軍、總兵等大小官員，派出大批人馬鎮壓。可是那些大官、將軍們只知道貪污軍餉，不懂得怎樣打仗。

　　王聰兒兵分三路，從湖北打到河南。起義軍打起仗來不但勇敢，而且機動靈活。他們在行軍的時候，不整隊，見了官軍不正面迎戰，不走平坦大道，專挑揀山間小路走，找機會襲擊官軍。他們又把兵士分成許多小隊，幾百人一隊，有分有合，忽南忽北，把圍剿他們的官軍弄得暈頭轉向，疲於奔命。

　　白蓮教的起義沉重地打擊了清王朝的統治，加速了它走向滅亡的步伐。從根本上說還是由於當時的政治太過於黑暗，百姓想好好地活下去都不行了，他們也就只好鋌而走險了。

第七十六章　柔弱處上

【原文】

人之生也柔弱①，其死也堅強②。草木之生也柔脆，其死也枯槁③。故堅強者死之徒④，柔弱者生之徒⑤。是以兵強則滅，木強則折⑥。強大處下，柔弱處上。

【注釋】

①柔弱：指人活著的時候身體是柔弱的。

②堅強：指人死了以後身體就變得僵硬了。

③枯槁：用以形容草木的乾枯。

④死之徒：徒，類的意思，屬於死亡的一類。

⑤生之徒：屬於有生命的一類。

⑥兵強則滅，木強則折：又作「兵強則不勝，木強則兵」。

【譯文】

人活著的時候身體是柔軟的，死了以後身體就變得僵硬了。草木生長時也是柔軟脆弱的，死了以後就變得乾枯殘敗了。所以堅強的東西屬於死亡的一類，柔弱的東西屬於有生命的一類。因此用兵逞強就會遭到滅亡，樹木強大了就會被伐、被燒。所以，強大的總是處於下位，柔弱的反而居於上位。

這一章老子從生活中常見的現象再一次引出他的柔弱勝剛強、處弱為上的論述。這也是老子一再提及的觀點，是老子的道的核心。老子從人的身體活著的時候是柔軟的，到死了以後就會變硬，和草木生時柔軟死後乾枯的這些現象，導出他一系列的勸道教言，反映了他深刻的觀察力和他思想的發生根源。

這裡老子所說的生與死並不單單指生理上的生和死，主要是事物發展的前途。一般來說，處在弱勢的事物都是有待於完善的階段，它的下一個階段就是更加完善，它擁有更強的生命力。一個事物一旦發展到了成熟階段，這時候它看起來雖然比較強大，不過它的下一個階段就是走向衰退，也就是毫無生命力可言。

這些是老子的道裡面的普遍性的規律，從人生哲學上來說就是要守弱、要謹慎謙讓，這樣的人往往能夠戰勝那些看起來要強大許多的人，進而取得勝利。所以老子說：「強大處下，柔弱處上。」

【經典事例】

康熙善「忍」奪天下

人生在世有時候對一些事就是需要忍，需要以低調的方式來處理，而不能逞一時血氣之勇和對方面對面的硬拼。這樣做不僅解決不了任何問題，反而會使情況越來越糟糕。但凡是能夠成就大事的人，都是善於處下，善於忍讓的高手。康熙皇帝就是一位善忍的高手，面對強大的對手，總能夠以智取勝。

康熙皇帝名叫玄燁，是清朝入關後的第二位皇帝。玄燁登基的時候年紀還很

小，雖然經過祖母的悉心培養可以稱得上是少小持重，但擔負國家的重任還為時過早。好在他有索尼、蘇克薩哈、遏必隆和鰲拜三位輔政大臣，而且還有賢能的祖母孝莊皇太后在幕後給他出謀劃策。

在剛開始輔政的時候，四大臣遇事協商，凡遇奏事，一同晉謁皇帝或太后，待太后決策後，再以皇帝或太后的名義發佈諭旨。輔政大臣雖無決策權，但他們可以入值、草擬並代幼帝御批，但是後來鰲拜就利用這一權力開始專權亂政。

鰲拜是鑲黃旗人，他的父親是清朝的開國元勳。此人野心勃勃，善於玩弄權術，驕橫跋扈，很多人都很害怕他。索尼是正黃旗人，四朝元老，德高望重，但這時已年老體弱，力不從心。遏必隆與鰲拜同屬一旗，為人怯懦，沒有什麼主見，常跟在鰲拜後面亦步亦趨。蘇克薩哈是正白旗人，雖在四大臣中位置僅次於索尼，且與鰲拜有姻親關係，但資淺望低，又與索尼有隙，與鰲拜也經常反目，所以常常處於孤立無援的境地。這樣，四大臣共同輔政的局面不久便被打破，大權逐漸旁落到鰲拜手中。他任人唯親，廣置黨羽。大學士班布林善、吏部尚書噶褚哈、工部尚書濟世都是他安插在宮廷中的親信。凡遇政事，他們常常私下商定對策，然後才上奏皇帝，有時甚至攔截奏章，阻礙玄燁和大臣的聯繫，好方便他們把持朝中大權。

針對四大臣的所作所為，特別是鰲拜的專權行徑，孝莊皇太后急於讓幼孫舉行大婚，以作為玄燁親政的過渡性措施。康熙四年九月初八，年僅12歲的玄燁遵照祖母慈旨，在紫禁城內坤寧宮，與索尼之女赫舍裡氏舉行大婚典禮。玄燁大婚不久，即開始直接處理政務，其廣泛接觸滿漢大臣的機會進一步增多，這無疑為鰲拜等人的專權，設下了不可逾越的障礙。

玄燁親政的步伐很快，鰲拜也加快了他專權干政的步伐。康熙五年，鰲拜製造圈換土地事件。玄燁堅決反對，但鰲拜一意孤行，私改聖旨將反對圈換土地的閣臣、督撫大員朱昌祚、王登聯等人處死，而其他反對圈換土地的大臣，有的被降職，有的被治罪，沒有一個人逃過這場劫難。

　　康熙六年三月，鰲拜內心極不情願地與索尼等人上奏：世祖章皇帝於14歲親政，如今主上年齡功德與先皇相同，對天下事務可以應付自如，懇請親政。玄燁往奏太皇太后允許後，遂於同年七月七日在太和殿舉行親政大典。

　　玄燁親自執掌政權以後，輔臣們「仍行佐理」，權勢還和以前一樣大，並沒有減少。這一年六月，索尼去世，七月蘇克薩哈被殺，鰲拜終於獨掌輔政大權。為了達到能夠篡位的目的，鰲拜假裝身體不好，而不能上朝，要康熙皇帝親自去看看他。康熙仔細考慮了一下，決定去看他。進入鰲拜的臥室後，御前侍衛發覺鰲拜神色異常，急忙衝到鰲拜的榻前，揭開席子，裡面有亮晶晶的利刃一把。玄燁是何等聰明機智之人，只見他不動聲色地笑了笑說：「刀不離身，這是滿族的習慣，不值得大驚小怪。」

　　意識到鰲拜的謀反之心後，玄燁返回宮中以後，就開始著手策劃除去鰲拜的事宜。為此，他從宮中眾多的小內監中，選擇了部分身強力壯者玩「布庫」遊戲，這是一種爭鬥賭力的運動，在當時較為流行。

　　鰲拜每次進入宮內奏請政事的時候，玄燁也從不避開他，繼續帶領小內監玩「布庫」。這就給鰲拜造成了錯覺：康熙是軟弱可欺的，不諳事務，仍然是個貪玩的小毛頭，誰也拿自己沒辦法。這樣一想，鰲拜更加肆無忌憚，沒有一點害怕，不管做什麼事都是自己想怎樣就怎樣。

玄燁早已無法忍受鰲拜的種種專權行徑，在祖母的支持下，他擬定了清除鰲拜集團的全盤計畫，並一步一步地付諸行動。

在所有的舉措中，輿論是其中的先導力量。針對鰲拜把持下朝政紊亂、吏治腐敗的現象，玄燁令科道等言官「據實指參」，鼓勵朝臣各抒己見。玄燁的這一舉措，打破了朝中萬馬齊喑的局面，使大臣們耳目一新，人心振奮，鰲拜卻因此無法再安靜。

「擒賊先擒王」，這是兵家一貫的主張。為了最大限度地減少動盪和不必要的損失，穩妥、徹底地解決問題，玄燁做出智擒鰲拜的具體部署。首先，玄燁從各個王府中挑選了將近百名的親王子弟做自己的侍衛，並且把他們組成善撲營，統領是索尼之子索額圖。其次，玄燁又將鰲拜的部分黨羽，先後遣往外地辦事，以分散其力量。一切準備就緒後，玄燁才邁出最後，也是最關鍵的一步。在康熙八年五月十六日的時候，鰲拜奉召進宮，很快被善撲營擒拿住，鰲拜的主要黨羽，隨後也被接二連三地逮捕歸案。

年齡只有16歲的玄燁在戰勝鰲拜集團的鬥爭中，採用的戰術是「藏忍」，運籌帷幄，顯示出一種驚人的魄力和才智。從此，他便將朝政牢牢掌握在自己的

手中，開始充分施展自己的政治才能。鰲拜專權多年，羽翼已成，16歲的康熙知道要是與他們硬碰硬的話，吃虧的勢必是自己。所以他採取了忍讓的方法，在時機尚未成熟之前不與他發生正面衝突，自己卻整天與小內監們玩「布庫」的把戲，以此來迷惑鰲拜，鰲拜萬萬沒有想到這裡面是個天大的陷阱，但當他發現時已經來不及了。由此看得出來，年紀輕輕的康熙皇帝對老子的「兵強則滅，木強則折」的道理的認識是非常深刻的，不僅認識深刻，而且運用起來也是相當的到位。

閱讀筆記

第七十七章 不欲見賢

【原文】

天之道，其猶張弓與？高者抑之，下者舉之，有餘者損之，不足者補之。天之道，損有餘而補不足。人之道①，則不然，損不足以奉有餘。孰能有餘以奉天下，唯有道者。是以聖人為而不恃②，功成而不處，其不欲見賢③。

【注釋】

①人之道：指人類社會的一般法則。

②不恃：不自恃功高。

③見賢：顯示自己的賢能。

【譯文】

自然的規律，不就像拉弓射箭嗎？弦拉高了就把它壓低一些，拉低了就把它抬高一些，拉得過滿了就把它減少，拉得不足的就加以補足。自然的規律，是減少有餘的補給不足的。可是人類社會的法則卻不同，剝奪不足的來供奉給有餘的人。那麼誰能夠將有餘的補給天下不足的呢？只有有道的人才可以做到。因此，有道的聖人有所作為而不自恃功高，有所成就而不居功自傲。他不願意顯示自己的賢能。

本章可以看做是七十四、七十五章的繼續和延伸，是對佔有大部分財富的統治者剝削貧苦民眾的痛恨和對勞苦大眾的同情。一開始老子先做了一個比喻，把自然界的均衡規律比做人類的拉弓射箭，用射箭根據弓弦拉的高和低做適當的調整，來比喻減少有餘的來補給不夠的。然後再用自然界自動均衡的功能，來跟人類社會的有餘的剝削不足的，造成財富分配的極大不均衡相比較。

那麼怎麼才能做到讓人類的社會也能這樣減少有餘的來補給不足的，進而達到社會財富分配均衡的理想狀態呢？老子認為能夠體念道的聖人當政的時候就能做到了。

【經典事例】

隋煬帝貪婪亡國

老子說不管是自然界還是人類社會都講究一個平衡，自然界的規律能夠自動調節平衡。人類社會靠有德的君王調節一下，君王失德就沒辦法維持了。等到這種失衡發展到一定的程度，百姓就會打破現有的狀態重新選一個君主。這就是歷史朝代的更迭，事實證明每一個王朝的覆滅，都伴隨著這麼一位失德的君主出現。隋煬帝就是一個典型的例子。

隋煬帝是歷史上有名的暴君，當他繼位的時候，他的父親隋文帝留給他的是一個呈現出一派繁榮景象的大隋朝。當時穀物盈倉，庫中有五十年的餘糧，天下安定，百姓安居樂業。

然而，隋煬帝卻是個十足的敗家子，這片大好的基業被他在十四年間揮霍殆盡，使得錦繡江山毀於一旦。但是他絕不是無能之人。他天生一副聰明的面孔，機巧智慧更在眾人之上，是位才華橫溢的君主。遺憾的是，他是一個窮奢極欲的人。他為了滿足自己的私欲，幾乎不惜一切。他剛剛繼位就開始建造新的宮殿、離宮、庭園，建築豪華雄偉，極盡奢華之能事。光是建造這些宮殿，每月就要徵召兩百萬民夫。

這就給人民造成了非常大的負擔。例如，建造宮殿用的大木料北方根本沒有，必須遠從江南運來幾千萬根大木，搬運的隊伍長達千里之遙。光一個木料就得靠三千個民夫合力去搬。在冗長而艱辛的搬運苦役中，有半數以上的民夫，由於不堪痛苦的折磨，精疲力竭而死。他這樣徵調大量的民夫，使得在田裡的勞動者很少能見到一些身強力壯的年輕人，全都是婦女、老人和孩子。

但是隋煬帝的欲望還沒那麼容易滿足，他還有一個特點是好大喜功。他動員了百萬大軍，東征高句麗，其中主力三十萬軍隊進攻高句麗的首都平城。雙方經過激戰，隋軍敗退，三十萬大軍真正能夠退回到鴨綠江的只有兩千八百人。

儘管有了第一次失敗的慘痛教訓，任性的隋煬帝仍不顧一切地發動第二次、第三次的遠征。民眾不堪忍受隋煬帝的暴虐行徑，紛紛起義反抗，又遭到隋煬帝的血腥鎮壓。

　　面對人民的反抗，隋煬帝卻好像毫無知覺，依然嬉戲無度，並遠巡江南。結果，手下一名反叛的將領趁著他熟睡之時，將他的腦袋給割了下來，隋朝就此滅亡了。

　　身為領導者應該明白，在你獲得利潤的同時要留下一些給你的跟隨者。讓他們也能夠吃得飽、穿得暖，如果你一味地追求奢侈榮華而那些處在你領導下的人連生存最起碼的權利都得不到保障的話，那你這個領導者估計也就當不長了，你違反了平衡的原則，他們要重新找一個能夠遵循這個原則的人來做領導者。

閱讀筆記

第七十八章　柔之勝剛

【原文】

　　天下莫柔弱於水，而攻堅強者莫之能勝，以其無以易①之。弱之勝強，柔之勝剛，天下莫不知，莫能行。是以聖人云：「受國之垢②，是謂社稷主；受國不祥③，是為天下王。」正言若反④。

【注釋】

　　①易：替代、取代。

　　②受國之垢：承擔全國的屈辱。受：承擔。垢：屈辱。

　　③受國不祥：承擔全國的災難。不祥：災難、禍害。

　　④正言若反：正面的話好像反話一樣。

【譯文】

　　天下沒有什麼東西比水更柔弱的了，然而攻擊堅硬強壯的物體卻沒有什麼東西可以勝過水。因而水是沒有事物可以代替得了的。弱勝過強，柔勝過剛，天下沒有人不知道，但是沒有人能做到。所以聖人說：「能夠承擔全國的屈辱，才能稱得上國家的君主；能夠承擔全國的災難，才能成為天下的君王。」正面的話好像在反說一樣。

這一章老子又用自然界最為柔弱的水來做比喻，說明弱可以勝強、柔可以勝剛的道理，並以此來說明取態柔弱以順應自然的重要性。老子說：要說柔弱，天下恐怕沒有什麼東西能夠比得過水了，但就是這最為柔弱的水卻往往能夠戰勝剛強的東西。弱能勝強的道理幾乎天下人人都知道，但卻幾乎人人都做不到。為什麼呢？因為老子說的弱並不是真正意義上的弱，而是弱中有強，弱中有剛，是有著旺盛生命力的弱，也只有這樣的弱才能勝強。就像聖人的處下一樣，這是一種謙虛和忍讓的態度而不是真正的下。

【經典事例】

孫臏減灶誘敵

在戰場上兩軍對峙的時候，有時候是要有處弱的智慧和勇氣的。當然就像老子所說的那樣，這種弱並不是真正意義上的弱。而是弱中有強，弱中有剛，處弱是一種機智。目的是讓敵人掉以輕心，放鬆警覺好一舉把他們殲滅。

西元前341年的春天，魏國將軍龐涓率領精銳部隊進攻韓國。韓國軍隊抵擋不住，到齊國去求救。

齊威王採用軍士孫臏的建議答應韓國出兵相助，但是又不馬上出兵，先採取觀望的態度看他們兩軍相爭。等他們彼此的實力都消耗得差不多的時候再出兵坐收漁翁之利。

韓軍將士得到齊國出兵的消息，果然作戰更加勇敢了，但終因力量薄弱，經

過一番苦戰，漸漸支持不住了。韓國只好再次派使者到齊國，催促齊威王儘快發兵相救。

孫臏這時候看到時機已經成熟就建議齊威王立即發兵。於是，齊威王任命田忌為大將，孫臏為軍師，率領大軍直向魏國殺去。

再說龐涓在韓國的戰場上連連獲勝，眼看就要把韓國的都城給攻下來了，忽然得到齊軍攻入魏國國境的消息。得到消息龐涓第一個想到的就是，這攻打魏國國都來解救韓國危機的主意肯定是孫臏出的，他跟孫臏原來是同門學藝的師兄弟，當時他們同時拜在鬼谷子的門下，孫臏為師兄，龐涓是師弟。但是為人狡點的龐涓妒忌師兄孫臏的才學，怕他的威名會在自己之上，剛下山的時候就用計挖掉了孫臏的膝蓋骨。從此兩人變成了勢不兩立的敵人。

龐涓得知他的師兄孫臏率領軍隊進攻魏國的都城，不得不停止對齊國的攻擊。龐涓恨恨地說立即率軍趕回本國，想截住齊軍，與孫臏決戰。

消息傳到齊軍軍營，田忌問孫臏這一次有什麼破敵的辦法。孫臏說：「龐涓這些年打了一些勝仗，自以為兵強馬壯，天下無敵，根本不把齊軍放在眼裡。加上他這次從韓國趕回來，輕裝疾進，日夜不停，恨不得一口把我們吃掉。現在他們的士氣很盛，還不能跟他們面對面對抗，我想了一個辦法，可以擊敗魏軍。現在我們馬上撤退。」

當龐涓率領魏軍，馬不停蹄地向魏國奔趕的時候，半路上忽然聽到齊軍已拔營逃走的消息。龐涓既得意又惋惜地說：「我一心想跟齊軍痛痛快快地打一仗，誰料孫臏如此膽小，沒等交鋒就嚇跑了。」

龐涓毫不猶豫地發出命令。

魏軍追了一陣，追到了齊軍曾駐紮過的地方。發現營地上佈滿了齊軍留下來用以燒火做飯的軍灶，密密麻麻，遍地都是。

龐涓是一位久經沙場的將軍，根據軍灶的多少能計算出士兵的人數，他估計，那些軍灶足足夠10萬人做飯吃。

「再向前追！」龐涓命令部隊。

魏軍一路緊追，當他們追到齊軍又一個駐紮過的營地時，發現齊軍的軍灶比前一次減少了一半，只夠供5萬人做飯使用的了。

到了第三天，龐涓發現齊軍的軍灶更少了，只夠供3萬人做飯使用的了。

「哈哈哈！」龐涓忽然仰面大笑起來，對手下的將領們得意地說：「我早已料到齊國人都是怕死鬼。你們看，這三天中，齊軍的軍灶就減少了一大半。也就是說，齊軍已經在半路上逃亡了一大半了。我們還有什麼好怕的？我們一定要追趕上去，把他們全部消滅掉！」

龐涓挑選了一支精銳隊伍，由他自己親自帶領，加快速度向齊軍追去，一直追到了一個叫馬陵的地方（河南范縣）。

這時，太陽已經落山了，夜幕逐漸籠罩大地。

馬陵這地方很險要，兩面全是高山峭壁，當中只有一條狹窄的叫做馬陵道的小路可以通行，龐涓一心想追上齊軍，活捉孫臏，求勝心切，毫不猶豫，就沿著這條小路繼續往前趕。走了一陣，隱約中看到有一棵大樹立在路邊，樹皮被剝掉

了，上面好像還刻著幾個字。龐涓急忙叫人點起火，走到樹前抬頭一看，只見樹幹上清清楚楚地刻著一行大字：

「龐涓死於此樹下。」

龐涓剛看清楚樹上的幾個大字還沒來得及反應，兩邊山頭上，幾萬支箭就像暴雨一樣，向他們猛射過來。接著四周響起了一片驚天動地的喊殺聲，魏軍頓時大亂，紛紛死在亂箭之下。龐涓自知無法逃身，就拔出佩劍自殺了。孫臏也終於報了當年所受的黥面刖足之仇。

有一位名人曾經說過，想要讓一個人滅亡就得先讓他變得瘋狂。在戰場上就更是這樣的，想要讓一支軍隊滅亡，就先讓它的主帥輕狂。孫臏就是很好地利用了龐涓剛剛打了一些勝仗，正覺得心高氣傲的特點，又透過自己陣地上軍灶的變化來痲痺龐涓，讓他自大的心理進一步膨脹，到最後不惜輕敵冒進。

閱讀筆記

第七十九章 報怨以德

和大怨，必有餘怨；報怨以德①，安可以為善？是以聖人執左契②，而不責③於人。有德司契，無德司徹④。天道無親⑤，常與善人。

【注釋】

①報怨以德：許多學者都以為此句原在六十三章內，但據上下文意應在本章內。

②契：契約。

③責：索取所欠。

④司徹：掌管稅收的官職。

⑤無親：沒有親疏。

【譯文】

用調和的辦法去化解大的怨恨，必然還會有殘餘的怨恨；用德來報答怨恨，這怎麼可以算是妥善的解決辦法呢？因此，聖人保存借據的存根，卻不以此強迫別人償還債務。有德的人就像持有借據的聖人那樣寬容，沒有德的人就像掌管稅收的人那樣苛刻。自然規律是不分親疏的，常常幫助有德行的人。

【經典解讀】

　　本章還是在討論統治者和民眾的關係，希望能有一位能夠損有餘而補不足的理想化的當政者。只有這樣的聖人來實行無為而治，天下的民眾才能安居樂業，天下才能太平穩定。

　　老子說靠相互妥協的辦法來調解大的怨恨，必然還會有小的怨恨留下。如果統治者和民眾的衝突只能靠統治者的恩惠來解決的話，這怎麼能算是一個完善的辦法呢？老子提出的理想的治國方式是統治者應該像是一位有德的聖人一樣，他手裡拿著契約卻不去剝削民眾。對於民眾，他們給予了但並不向他們索取，就是老子所說的「聖人執左契」。老子認為只有這樣治理國家才能不與民結怨，才能長治久安。因為道是公正無私的，它一向只幫助那些有德、體道的聖人。

【經典事例】

高柴施德救身

　　有德行的人總能在不經意間使他的德散發出人性的光芒，有時候往往就是他在不經意間的一些細節，感動著他身邊的人，並讓他們尋找機會為那些有德行的人做點什麼。孔子的一個弟子高柴就是因為他不經意的德行，使得別人對他年年不忘，關鍵時刻還救了他的性命。

　　孔子曾經在衛國做官，那時候他的一個弟子高柴也在魏國做官，高柴當時是刑部的一個官吏。一日，高柴審判並裁定一名犯人，把他處以削足之刑，當他宣讀判決的時候感到非常的不忍心，覺得那些犯人真是太可憐了。但是同情歸同情，同情當不了法律，當時的法令就是這樣，他也沒什麼辦法可想。最後這名犯

人還是被砍掉了一條腳，受刑後的犯人做了守城的差役。後來，有人向衛王告密說孔子要謀反，衛王下令逮捕孔子一干人等。孔子聞訊立刻逃往他國，他門下的弟子也各自逃生。高柴怕受牽連，也欲逃出城去，卻不知門徑，這時，多虧了一名差役帶領著他進入秘密通道，高柴才得以逃脫。高柴正欲感謝差役的救命之恩，猛然發現，這名差役正是被自己判處削足之刑的犯人。這名差役不計舊日嫌隙，以「德」報怨，使高柴駭然，問其原委，這個守門人說：

「我受削足之刑，是罪有應得。當日您判我有罪並處以削足之刑時，您眼中流露出的哀憐及臉上閃現出的悲戚之情，至今我仍謹記在心，不敢一日或忘。現在我救您出關，只不過是回報您的德愛而已。」

舉凡人存有行善之心，就無處不可行善，如果人人都有行善之舉，說不定哪一天你也能受到別人的善意之舉。

第八十章 小國寡民

【原文】

　　小國寡民①。使有什伯之器②而不用；使民重死而不遠徙③；雖有舟輿④，無所乘之；雖有甲兵⑤，無所陳之。使人復結繩⑥而用之。甘其食，美其服，安其居，樂其俗，鄰國相望，雞犬之聲相聞，民至老死不相往來。

【注釋】

　　①小國寡民：使國家變小，使人民稀少。

　　②使有什伯之器：即使具有各式各樣的器具。什伯，意為多種多樣。

　　③徙：遷移、遠走。

　　④輿：車子。

　　⑤甲兵：穿著盔甲的士兵。

　　⑥結繩：文字產生以前，人們用繩記事。

【譯文】

　　建立國土小、人口少的國家，即使具有各式各樣的器具也不使用。使人們重視死亡而不向遠方遷移；雖有車船，卻沒有必要去乘坐；雖有軍隊，也沒有必要去佈陣打仗。使人民再回復到遠古用結繩記事的自然狀態之中。使人民有甘甜的飲食，華麗的衣服，安適的住所，快樂的習俗，鄰國的人們能夠相互看得見，雞

鳴狗叫聲能夠相互聽得到，人民從生到死也不相互往來。

　　老子在這裡描述的應該就是他心目中最為理想的社會狀態。這裡屋舍儼然，雞犬之聲相聞，生活在這裡的人自然而純樸。他們吃自己種的糧食，穿自己織的布，住自己蓋的房舍。這裡沒有政府，沒有官員，雖有軍隊但是一向不用列隊打仗，因為這裡沒有紛爭。這裡就像是一個世外桃源。事實上它也不可能實現，只能存在於想像和傳說中。

魏武侯內修德政

　　老子所描繪的那種小國寡民，雞犬之聲相聞，而老死不相往來的理想化的社會，雖然不可能在現實中出現，但是按照老子所說的多施德政，總能夠使國家強盛，天下穩定，百姓安居樂業那倒是真的。

　　戰國時期，魏國國君魏文侯聽說吳起廉潔公正，善於用兵，頗得將士推崇，便拜吳起為西河郡守，以抵禦秦國和韓國的進犯。魏文侯死後，吳起便繼續輔佐他的兒子魏武侯。

　　西元前395年，武侯來到西河，乘船順河而下，察看地形。途中，武侯見高山大河，險要奇偉，感慨不已，回過頭來對吳起道：「山河環抱，形勢險要，恰似一道一夫當關，萬夫莫開的防線，阻擋著敵人的入侵，這真是魏國的榮幸啊！」

　　吳起聽道，搖了搖頭，勸諫武侯說：「國家的興盛衰敗，在德不在山河之險。」

　　武侯看到吳起不同意他的觀點，便問道：「這是什麼原因呢？」於是他趁機勸諫武侯說：「國家的興盛衰敗，在於是否施德於民，不能只依賴山川的險峻。從前，三苗氏（相傳古部落名）所居之地，左有洞庭湖，右有鄱陽湖，地勢險要，可是由於沒有德言，不講信義，被夏禹（相傳古部落聯盟首領）滅亡了。夏朝末代的君主桀的駐地，左有黃河、濟水，右有泰山、華山，北有太行山，南有龍門山，地勢更險要，可是由於不施仁政，最後還是被商湯打敗了。商朝末代紂王的國都，左倚孟門山，右靠太行山，北有恒山，南臨黃河，同樣因政治腐敗，不施德政，被周所滅。從這些事實來看，治國在於有好的政策法令，給予人民恩德，而不在於地形的險要！如果您不施德政，恐怕船上的人都有可能是您的敵人。」武侯聽罷，敬佩地說：「你說得很對。」由於魏武侯即時納諫，內修德政，外練強兵，並支持吳起變法，改革兵制，進而建立起一支精銳驍勇的「魏武卒」，稱雄一方。

　　大到一個國家，小到一個企業，只要能夠實行德政，以德服人就總能夠有意想不到的收穫。現在一個實行人性化管理的企業，它的綜合實力和人心的凝聚力，都比其他企業要強許多，效益也要高出很多。

第八十一章 信言不美

信言①不美，美言不信。善者不辯，辯者不善。知者不博②，博者不知。聖人不積③，既以為人己愈有④，既以與人己愈多。天之道，利而不害⑤。聖人之道，為而不爭。

【注釋】

①信言：真實可信的話。

②博：廣博、淵博。

③積：積藏。

④既以為人己愈有：盡力幫助別人，自己反而更富有。

⑤利而不害：讓萬物都得到好處而不傷害萬物。

【譯文】

真實可信的話不華美，華美的話不真實可信。善良的人不巧辯，巧辯的人不善良。有真知的人不求知識淵博，有廣博知識的人無真知。聖人不私自積藏，他盡力幫助別人，自己反而更富有。他盡量給予別人，自己反而更豐富。自然的規律，讓萬物都得到好處而不傷害萬物。聖人的法則，施惠於人民而不與其爭奪利益。

【經典解讀】

　　本章作為《道德經》的最後一章，老子講述了人們行為的最高準則即實、訥言、專精、利民而不爭。這一章是給那些統治者上了最高的一課。歷代君王，只要是做出卓越的業績的，都是善於納諫之人。老子所說「信言不美，美言不信」與所謂的「忠言逆耳」是同樣的道理。自古以來，忠言聽起來都是不順耳的，而能夠把忠言聽進去的君王，也都是聖明的君主。

【經典事例】

吳王不聽忠言

　　老子說：「信言不美，美言不信。」俗語說：「良藥苦於口而利於病，忠言逆於耳而利於行。」良藥雖然能治病，但是它非常的苦，人們還是不喜歡它。忠言雖然能夠幫助人們改進自己的言行，但是它聽起來是那麼的不順耳。所以喜歡聽忠言的人還是很少，普通的民眾尚且這樣，那些高高在上的君王就更是可想而知了。

　　事實證明，歷史上的帝王，能夠以虔誠的態度，時時注意聽取逆耳忠言的，真是少之又少，大多數帝王都是喜歡聽順耳之辭、阿諛奉承之言，而寧肯付出百家王國的代價。

　　當年吳王夫差在打敗越國、俘虜越王勾踐後，卻打算赦免勾踐。這時他的相國伍子胥卻主張殺死勾踐，他對吳王夫差說：「大王今天不滅越國，以後懊悔都來不及。勾踐是個賢君，還有范蠡、文種這樣的良臣輔佐，將來勢必會對吳國構成極大的威脅。」這時的夫差已打定了主意，他對伍子胥不客氣地說：「你還是

到一邊歇息去吧！」

　　勾踐被赦免後，忍受著常人難以忍受的恥辱，到夫差手下當僕人，他想盡一切辦法獲得夫差好感，甚至不惜嚐他的糞便。勾踐的「忠心」表現使得夫差對他僅存的一點戒心也沒有了，便遣送他回到越國。為了報仇雪恥，勾踐臥薪嚐膽、奮發圖強，他把國家政事交給文種管理，讓范蠡負責操練軍馬，經過他們君臣十幾年的努力，越國就又成為了一個足以與吳國抗衡的強國。

　　而這時的吳王夫差，早就把勾踐拋在了腦後，一心只想著爭奪中原霸權。他趁齊國內亂，便想出兵征伐齊國，伍子胥又上諫道：「越王勾踐臥薪嚐膽、勵精圖治，他一天不死，吳國就一天不得安寧。現在大王不先除掉心腹之患，反而去伐齊，不是把事情顛倒化了嗎？」可惜對他的忠言，夫差再一次不予理會，率領大軍北伐齊國去了。後來當他凱旋的時候還得意洋洋地對伍子胥說：「當初你不讓我伐齊，現在我打了勝仗，你還這樣認為嗎？」

　　越王勾踐聽說夫差勝利了，便假意派人朝賀，又送上厚禮。伍子胥非常擔憂，就再一次又對夫差進諫說：「越國這樣做，實際上是在豢養吳國啊！越國是我們的心腹之患，大王卻不加防備。現在攻打齊國，只是得到了一點小便宜，到頭來是要吃大虧的。」

　　可是夫差根本就聽不進這些話，伍子胥又警告說：「大王不聽我的勸告，再過三年，吳國就要變成一片廢墟了！」正在興頭上的夫差再也受不了伍子胥的嘮叨了。他的數次犯顏直諫，讓夫差覺得很沒面子，後來便找了個機會，逼伍子胥自殺。伍子胥臨死前，對吳王的使者說：「我死之後，你去告訴吳王，把我的眼睛挖出來，掛在姑蘇城東門，我要親眼看看勾踐是怎麼滅亡我們吳國的。」

幾年後，吳王夫差再一次出師伐齊。這一次已經做好了充分準備的勾踐利用這個千載難逢的機會，以全國之力揮師北上，一舉滅掉吳國。夫差戰敗請求在勾踐帳下為奴，但是勾踐卻沒有給他這種機會。無奈之下，夫差揮劍自殺。自殺前，讓人在他死後把他的臉用布蒙上，並說：「我不聽伍子胥的話，才落到了如此地步。我沒有顏面在地下見伍子胥啊！」夫差臨死時，才明白了伍子胥逆耳之言的價值。

其實，不願聽那些不順耳的忠言的又何止是那些君王呢？當我們聽到不好聽的言語的時候，不也常常怒目相對嗎？聞過則喜，絕不僅僅是君王才應具備的美德。

閱讀筆記

國家圖書館出版品預行編目資料

讀懂道德經的第一本書／張子維編著．
－－第一版－－臺北市：宇河文化 出版；
紅螞蟻圖書發行，2008.10
面 ； 公分－－(Reading；10)
ISBN 978-957-659-690-2（平裝）

1.道德經 2.注釋

121.311 97017294

Reading 10

讀懂道德經的第一本書

編　　者／張子維
美術構成／Chris' office
校　　對／周英嬌、楊安妮、朱慧蒨
發 行 人／賴秀珍
總 編 輯／何南輝
出　　版／宇河文化 出版有限公司
發　　行／紅螞蟻圖書有限公司
地　　址／台北市內湖區舊宗路二段121巷19號（紅螞蟻資訊大樓）
網　　站／www.e-redant.com
郵撥帳號／1604621-1　紅螞蟻圖書有限公司
電　　話／(02)2795-3656（代表號）
傳　　真／(02)2795-4100
登 記 證／局版北市業字第1446號
法律顧問／許晏賓律師
印 刷 廠／卡樂彩色製版印刷有限公司
出版日期／2008年10月　第一版第一刷
　　　　　2016年 5 月　　　　第四刷

定價 300 元　　港幣 100 元

ISBN　978-957-659-690-2　　　　Printed in Taiwan